選對外幣，
打敗 1.1% 定存，
掌握致富關鍵！
最新增訂版

圖解

3天搞懂外幣投資

跟著外幣致富，打敗
定存，資產不縮水！

梁亦鴻／著

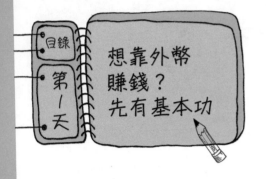

目錄
第1天

想靠外幣
賺錢？
先有基本功

第6小時　新手必認識的主要國家貨幣

「第一次就上手」專欄

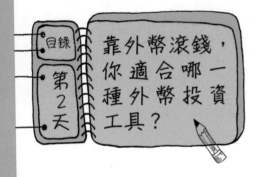

靠外幣滾錢，你適合哪一種外幣投資工具？

「第一次就上手」專欄

目錄
第3天

外幣資產
配置規劃

第6小時　透過技術分析，用線圖輔助確認

「第一次就上手」專欄

課前準備

第1天

想靠外幣賺錢？
先有基本功

第2天

你適合哪一種外幣
投資工具？

第3天

外幣資產
配置規劃

各位同學，在正式進入
《3天搞懂外幣投資》
課程之前，讓我們先花
點時間一起看看梁老師
精心錄製的內容簡介影
片吧！

不論是每一天的課程概要，或是投資注意事項
及賺錢的小撇步，梁老師都在影片中一一提點。
同學們，讓我們在進場前打好基礎，建立正確
的理財觀念，制訂理性的投資決策，做個聰明
的投資人吧！

第1天

想靠外幣賺錢？先有基本功

投資無國界，最容易入門的金融商品莫過於外幣投資。不過，想在國際貨幣市場賺進一桶金，練好基本功，更有機會穩穩賺。

選對外幣，
打敗 1.1% 新臺幣定存

通貨膨脹 2%，定存 1.1%，小心你的利息被吃掉了。新臺幣很難賺，透過外幣，賺取匯差＋利差，讓它幫你把小錢變大錢！

單元
重點

- 瞭解投資外幣的好處
- 投資外幣的管道

投資外幣 4 個好處，輕鬆上手

Q 常聽人家說起外幣，究竟什麼是外幣呢？

A 簡而言之，只要是非本國國幣的幣別，都是外幣。以臺灣為例，除了新臺幣以外，美元、日圓、歐元、英鎊等就是外幣了。

認識外幣

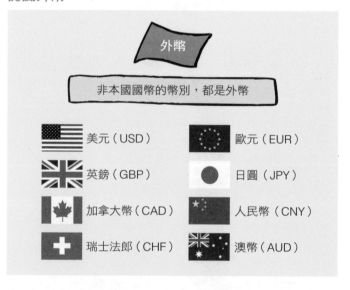

外幣

非本國國幣的幣別，都是外幣

美元（USD）	歐元（EUR）
英鎊（GBP）	日圓（JPY）
加拿大幣（CAD）	人民幣（CNY）
瑞士法郎（CHF）	澳幣（AUD）

Q 原來如此，平常也聽人家說起外幣投資，投資外幣有什麼好處呢？

A 投資外幣的好處，可以從生活周遭的活動談起。首先，我們出國旅遊時必須使用當地國家的貨幣；如果是去美國旅遊，那就要把手上的新臺幣拿去換成美元，好在美國旅遊時使用。如果這次沒有花完，留著下次出國還可以使用。或許有人會擔心萬一手上的外幣貶值了怎麼辦？貶值有貶值的處理方式，增值有增值的投資方式，投資人不必太擔心。因為，地球是平的，現在真是天涯若比鄰；即使你沒有去過的國家、沒有使用過的貨幣，你也可以利用它們來幫你賺錢。因為透過持有外幣，你可以：

好處 1 讓投資管道變多

只要你開始持有外幣，你就會開始關心這個外幣的漲跌情形；可以投資的管道愈來愈多，你就會希望自己手上的外幣可以慢慢增值。

好處 2 拓展投資視野

假設你持有美元，你就會關心美國的經濟情況；假設你持有的是澳幣，你就會關心和澳洲有關的消息；假設你擁有英鎊，你就會留意英國的政經局勢。理財無國界，不是只有臺灣可以投資，其他國家像是中國、美國、

澳洲等，也都是可以讓你賺錢的地方。各國貨幣的升貶，尤其和各國的國力強弱有關，換句話說，一個國家貨幣的強弱，與該國各項經濟指標息息相關。

實例 **從日本股市和日圓看日本經濟表現**

舉例來說，2013 年年初，日本股市不斷上漲，但是日圓卻相對貶值，不懂的民眾一定會覺得奇怪：「日股表現那麼搶眼，怎麼日幣表現卻沒有起色？」那是因為日本股市當中，有近六成的掛牌公司是以出口為主，因此，安倍晉三的日圓貶值政策就有助於出口；因為日圓貶值，讓商品變便宜了，當然以出口為主的日本公司，營收成績就很亮眼，所以日本股市表現才會跟著強強滾。

就算日本的商品還沒有賣出去，但是日圓貶值了，就有機會讓潛在的外國買家覺得價格很便宜，商品因而賣得更好。假設商品已經賣出去了，但是它的價格是以外幣計價的話，那麼日圓貶值再換算回來，財務報表上的數字就會因此變漂亮。如果我們是以日本的企業為立場來看，日圓貶值使商品變得便宜，銷售因此跟著變好。假設商品已經賣出，

好處3　避免資產縮水

　　萬一新臺幣像日圓這樣的貶法，投資人都沒有應變並重新規畫，資產肯定會縮水。為了避免資產縮水，投資人一定要謹慎規畫本身的資產配置，降低投資風險（請參考《3 天搞懂資產配置》瞭解更多細節）。而既然外匯商品是以外幣當作計價單位，假設新臺幣對該外幣是持續貶值或是處在低檔的時候，以外幣計價的金融商品光是在匯兌利得就要比新臺幣計價的金融商品來得吃香。

　　商家當時收的是 100 美元支票，收支票當天的美元兌日圓匯率是 1：75（1 美元可以換到 75 日圓），但是商家一直沒有把美元支票拿去兌換成日圓。後來日幣貶值了，美元對日幣的匯率變成 1：100，日本商家在此時拿支票去兌現，原本預期只能兌換到 7500 日圓，但是日圓貶值後，商家卻可以換到 1 萬日圓。所以，2013 年上半年日本股市大好的起因是日幣貶值帶動日本出口企業的營收，因此激勵了日本股市。

好處 4 賺取外幣匯差

　　如果你懂得判斷各主要貨幣的趨勢，還可以把外幣當作一種金融商品，成為自己資產配置的一環，充分地趨吉避凶，利用外幣賺取價差，當然也可以替自己創造另一項收益。

看對貨幣趨勢賺取匯差

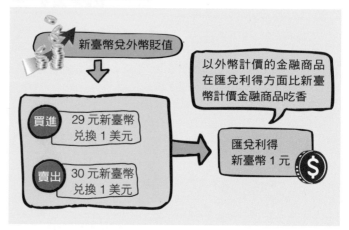

新臺幣兌外幣貶值

以外幣計價的金融商品在匯兌利得方面比新臺幣計價金融商品吃香

買進 29 元新臺幣兌換 1 美元

賣出 30 元新臺幣兌換 1 美元

匯兌利得 新臺幣 1 元

臺灣常見的外幣

Ⓠ 那麼，在臺灣常見的外幣有哪些呢？

Ⓐ 在臺灣常見的貨幣種類大約有十種，可從銀行的外匯牌告上得知。下次到銀行去辦事的時候，可以留意一下銀行的「牌告」，除了利率的牌告之外，就是揭示目前新臺幣跟其他外幣的兌換率告示板。由於銀行的匯率報價是時刻緊跟著外匯市場交易在變動（目前臺灣有台北跟元太兩個外匯經紀公司，以台北外匯經紀公司規模較大），因此，銀行會把在交易時間內各國貨幣之間的匯率公布在營業大廳的告示板上，藉以公告，因此簡稱「牌告」。民眾要存提款的時候，就注意牌告「利率」，要兌換外幣時，當然就是注意牌告 匯率 囉。

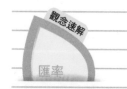

觀念速解

匯率

外匯的買賣價格，其用來表示兩國貨幣之間的兌換比率。

💰 常見外幣

銀行營業大廳的牌告上會標明外幣的幣別，包括：美元、歐元、英鎊、瑞士法郎、澳幣、紐幣、加拿大幣、日圓、港幣和人民幣等等，只要是牌告上出現的幣別，一般來說，都是在臺灣常見的外幣。尤其美元、歐元、英鎊、瑞士法郎在各國匯市上交易最為活絡，有四大貨幣之稱。

這些常見的外幣都有各自的英文縮寫，是世界通用的。例如：美元（USD）、歐元（EUR）、英鎊（GBP）、瑞士法郎（CHF）、澳幣（AUD）、紐幣（NZD）、加拿大幣（CAD）、日圓（JPY）、港幣（HKD）和人民幣（CNY），而新臺幣的縮寫為（NTD）。

臺灣銀行
BANK OF TAIWAN

外匯存款牌告利率

正體中文

請注意：
1. 本表資料僅供參考，不代表實際交易價格。
2. 網路銀行實際交易價格以交易時顯示之價格為準。
3. 臨櫃實際交易價格以交易時本行價格為準。
4. 臺灣銀行電子化業務各項費用收費價於牌年度相關優惠方案。
5. 存款牌告利率計息，如掛牌期別之牌告利率則依較低期別牌告利率計息，採議定利率請另洽本行機構辦理。

☐ 掛牌時間：2018/02/07　　　　　　　　　　　　　實施日期：2017/12/19

幣別	活期 (年息%)	定期存款 (年息%)							
		7天	14天	21天	1個月	3個月	6個月	9個月	1年
美金 (USD)	0.28	0.65	0.65	0.65	0.7	0.9	1.25	1.4	1.55
美金 (USD) 大額	-	0.65	0.65	0.85	0.75	0.95	1.3	1.45	1.6
港幣 (HKD)	0.01 外匯存款牌告利率	0.02	0.02	0.02	0.05	0.1	0.15	0.2	0.3
英鎊 (GBP)	0.05	0.08	0.08	0.08	0.15	0.2	0.25	0.25	0.3
澳幣 (AUD)	0.2	0.75	0.8	0.9	1.2	1.3	1.4	1.45	1.5
加拿大幣 (CAD)	0.1	0.2	0.2	0.2	0.4	0.5	0.6	0.7	0.75
新加坡幣 (SGD)	0.05	0.1	0.1	0.1	0.1	0.15	0.2	0.3	0.3
瑞士法郎 (CHF)	0.001	0.001	0.001	0.001	0.001	0.001	0.001	0.001	0.001
日圓 (JPY)	0.001	0.001	0.001	0.001	0.001	0.001	0.001	0.001	0.002
南非幣 (ZAR)	1.1	2.8	2.8	2.8	4.8	4.8	4.5	4.5	4.5
瑞典幣 (SEK)	0.001	0.001	0.001	0.001	0.001	0.001	0.001	0.001	0.001
紐元 (NZD)	0.35	0.65	0.65	0.65	1.45	1.5	1.5	1.6	1.65
歐元 (EUR)	0.001	0.001	0.001	0.001	0.001	0.001	0.001	0.001	0.002
人民幣 (CNY)	0.35	0.65	0.65	0.65	1.25	1.4	1.65	1.65	1.75

列印本頁　簧闔本頁

資料來源：臺灣銀行

Q 銀行掛牌匯價又該如何解讀呢？

A 如果看到 USD ／ TWD = 30.013，這代表 1 美元可以兌換新臺幣 30.013。前者稱為「基準貨幣」，後者則是「相對貨幣」。一般來說，銀行掛牌匯價大致分成直接報價和間接報價兩種。

1 直接報價

「直接報價」是指以其他國的貨幣 1 元可以兌換多少本國貨幣的比率，這個比率會因為新臺幣的升貶值而改變。以新臺幣和美元為例，就像上述的例子：USD／TWD＝30.013，代表 1 美元可以兌換新臺幣 30.013 元。目前在全世界多數是使用這種報價方式，臺灣也不例外。

直接報價

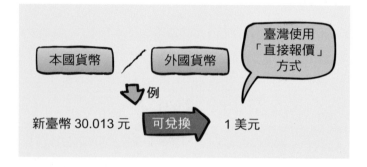

2 間接報價

「間接報價」是指以本國貨幣 1 元可以兌換多少元的外國貨幣。假設在英國，以英鎊和美元為例的話，間接報價就會是：GBP／USD＝0.8，代表 1 英鎊可以兌換 0.8 美元。間接報價通常是在英系的國家使用，因為英國曾經號稱是「日不落國」，所以習慣以間接報價來

間接報價

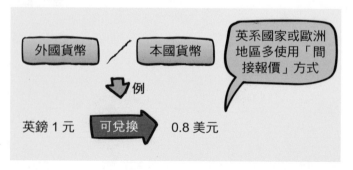

彰顯它曾經是「大國」的地位；因此，舉凡英國統治過的國家或歐洲地區，都會使用這一種報價方式。美元、英鎊、澳幣、紐幣、加拿大幣、歐元這幾種外幣就是採用間接報價。

Ⓠ 掛牌上還有分「現金」和「即期」，「買入」和「賣出」。這又該怎麼看呢？

Ⓐ 「現金」和「即期」、「買入」和「賣出」這四個選項，可以延伸出為「現金買入」、「現金賣出」、「即期買入」和「即期賣出」這四種交易匯率。簡單來說，只要不是用現金交易的，統統屬於即期，泛指兩天以後才會交割，兩天以後才會銀貨兩訖，例如你到銀行買旅行支票，就是要用即期的匯率。

外匯的四種交易方式

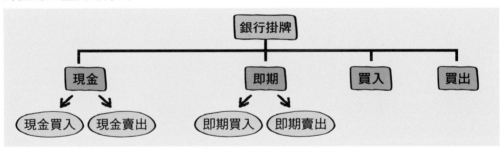

Ⓠ 兩天以後才會交割，哪知道匯率多少啊？會不會造成我的損失？

Ⓐ 雖然是兩天後才交割，但是計算的時間和匯率則是以申請交易「當天」的牌告價來計算，並非以兩天後的牌告價來計算，所以投資人不必太過擔心。

Ⓠ 如果民眾要兌換外幣，假設是把新臺幣換成美元，是要看「買進」還是「賣出」？

🅐 這的確是初學者常搞混的。在你換匯時，可以記住一個要訣：「銀行是低買高賣，客戶是買高賣低。」因為這個「買入」和「賣出」都是站在銀行的角度來看的；換句話說，不論買入或是賣出，銀行都是要賺你的錢就是啦。

假設民眾拿著新臺幣現金去銀行要換成美元，其實就是銀行「賣出」美元給你。

舉例來說，你有新臺幣 3 萬元要換成美元，牌告價「賣出」價格是 31.93，「買入」價格是 31.28，這時候你要看的是「賣出」價格；在不考慮手續費的情況下，大約可以換到 939.56 美元。等到你出國回來，剩下 100 元美元想換回新臺幣，變成銀行要跟你「買入」美元，所以就要看「買入」價格；這時候沒有手續費，所以 100 元美元大約可以換到新臺幣 3128 元。

情況 1 以新臺幣兌換美元時

新臺幣 30000 元要換成美元

買進美元
賣出美元

【計算】
Step1 看銀行美元牌告「賣出」價格
這裡的牌告「賣出」價格為 31.93 元

Step2 計算新臺幣 30000 元新臺幣兌換美元
30,000 元 ÷31.93 ≒ 939.56
→大約可換到 939.56 美元

情況 2 以美元兌換新臺幣時

100 美元要換成新臺幣

用美元換回新臺
買入美元

【計算】
Step1 看銀行美元牌告「買入」價格
這裡的牌告「買入」價格為 31.28 元

Step2 計算 100 美元兌換新臺幣
100 元 ×31.28 = 3128
→可換回新臺幣 3128 元

Q 大銀行和小銀行的牌告匯率，有沒有差別呢？

A 有，兩者不同。如果我們用批發商和零售商的概念來說，大銀行就是類似批發商的角色；規模較小的銀行，就像是零售商的角色。例如臺灣銀行和兆豐銀行因為每天的交易量大，就像是大盤／批發商；臺灣的大銀行和美國銀行兌換美元，因為量大，所以價格也會比較好，因此牌告的匯率通常也會比規模較小的銀行來得吸引人。而如果投資人在某間銀行是 VIP，就會享有優惠匯率，也會有比較好的價格，那當然就在那間銀行換匯就好了；但如果只是一般客戶，通常到大銀行換匯會比較好。

嗅出投資趨勢，細看外匯存底流動變化

Q 外匯的買進（需求）和賣出（供給）是如何產生的？

A 從民間的出國旅遊到企業的跨國貿易，都產生外匯的供給和需求。假設臺灣人想要用美元支付外國人的交易價款時，我們必須用新臺幣去外匯指定銀行「買」美元，這樣就形成對美元的需求，也就是產生外匯的需求。而當臺灣人接受外國人以美元支付價款時，我們必須將這些美元拿去「賣」給外匯指定銀行以換回新臺幣，才

典型的外匯需求	典型的外匯供給
① 支付進口商品價款	① 外人支付出口商品價款
② 支付進口勞務或出國觀光之價款	② 外人支付國人在外國資產之利息
③ 支付國外貸款利息	③ 外人支付出口勞務或來台觀光之價款
④ 本國對國外移轉支付	④ 外國對本國移轉支付
⑤ 短期資本外流	⑤ 短期資本流入
⑥ 長期資本外流或對外國投資	⑥ 外人對本國投資
⑦ 中央銀行自行收購外匯	⑦ 中央銀行自行拋售外匯

能夠在臺灣使用；如此一來，就形成對美元的供給，同樣也產生了外匯的供給。因為這樣一來一往經濟活動所累積的結果，最終就形成了各國的外匯存底。

Q 外匯存底又是什麼呢？

A 世界各國中央銀行所保有的外匯數量，就被稱為外匯存底或是外匯準備金；簡單地說，就是一個國家要在世界上能夠與其他各國交易往來所需要準備的外國通貨。外匯存底在定義上，又分成廣義與狹義兩種。

1 廣義

廣義的外匯存底包含政府所持有的黃金，政府所持有的可兌換外幣，國際貨幣基金的準備頭寸（cash position）以及特別提款權（Special Drawing Right，SDR）這四項。

2 狹義

狹義的外匯存底則不包括黃金與握有的外幣現鈔等，一般大眾所提到的外匯存底都是採用狹義的定義。

臺灣的外匯存底在每月的 7 日由央行公布，由於臺灣不是 IMF 會員，所以外匯存底的內容包含「政府所持有的黃金」、「可兌換的外幣」，另外再加上「中央銀行資產負債表中的國外資金」和「全體金融機構資產負債表中的國外資產淨額」二項。

總而言之，外匯就是「可以作為國際支付工具的外國通貨，或是對外國通貨的請求權」。世界各國的央行都會保留一定數額的外匯存底，通常會保持三到六個月的進口平均數額水準。而外匯存底的功用，除了可以用來穩定外匯市場、各國貿易往來的清算，特別是在國家在遭遇緊急情況時（例如被國際炒匯禿鷹攻擊），也有能力穩定、調整匯率，同時應付平時國內人民各式各樣

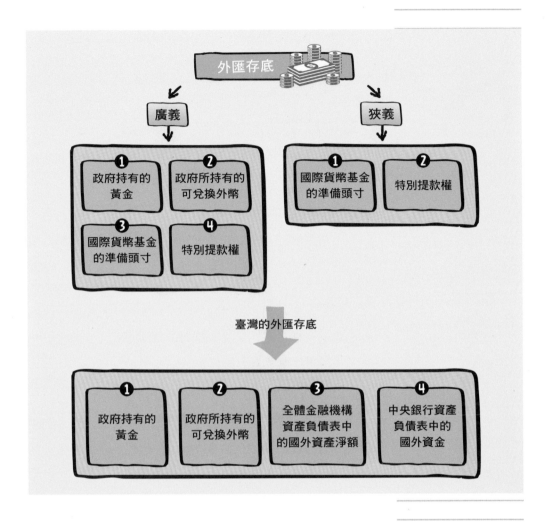

的外匯需求。

(Q) 原來如此，那麼外匯存底的來源有哪些呢？

(A) 先前提到只要是政府、企業甚至個人收取的外匯，都是外匯存底的來源。例如：企業出口商品或勞務所收到的外幣款項；外國人在臺灣留學、旅遊、經商所花費的開支，以及海外投資所得到的紅利或是利息。甚至中央銀行賣掉外匯、別國的政府支付償還本國款項，都會增加外匯的供給來源。

　　如果要用較完整的方式區分外匯存底的來源，可以概分為三大類：經常帳、金融帳、資本帳。這些都會紀錄在各國的國際收支平衡表中。

透視經常帳、金融帳、資本帳

Q 經常帳、金融帳、資本帳，分別具有什麼意義和功能嗎？

1 經常帳（Current Account）

　　包括商品進出口貿易、服務、所得及經常移轉收支四大項，其中以商品及服務之進出口為大宗。常見的像是非貨幣性黃金交易、保險、運費、移轉收支、投資收益等等，都會列在經常帳裡頭。經常帳是國際收支中最重要的支柱，它的交易總額通常占國際收支中最大的比例。簡單地說，經常帳就是進口商用外幣付帳買東西或出口商賣東西後，用外幣結算的餘額。

2 金融帳（Official Settlement Account）

　　包括直接投資、證券投資、衍生性金融商品與其他投資四大項。舉例來說，外資在臺灣投資臺股結匯之後的淨額，就屬於金融帳。

3 資本帳（Capital Account）

　　資本帳包括本國與外國官方與民間資本移轉（債務的免除、資本設備之贈與及移民移轉）與非生產、非金融性交易（專利權、商譽等無形資產）之取得與處分。簡單地說，企業透過購買或是出售無形資產結算後的淨額，就是資本帳。

　　外匯變動總額若為正值，表示該國的當期外匯流入量大於流出量，外匯資產將增加；若變動總額為負值，

則表示該國外匯資產減少。 以往經常帳餘額總是占外匯變動的大宗，資本帳與金融帳僅為點綴性角色；但近年來，金融帳進出金額極大，真正因國際貿易而產生的經常帳交易反而增加有限。但是經常帳的餘額仍對匯率走向具指標作用。資訊發達的今天，即使長期經濟基本面十分健康，只要熱錢能帶動短期的預期，也能夠掀起匯率與股價相當程度的波動。

外匯變動總額的異動，影響外匯資產的多寡

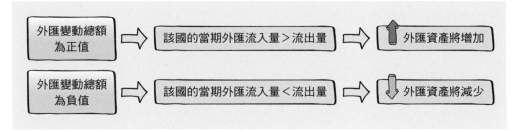

(Q) 國際交易如此頻繁，所以，各國外匯存底的數字是持續變動的。外匯存底怎樣才會愈來愈多？

(A) 假設一個國家出口訂單增多、外銷暢旺；外國人來本國投資、旅遊、留學人次或金額增加；中央銀行買進

順差和逆差，哪裡不一樣？

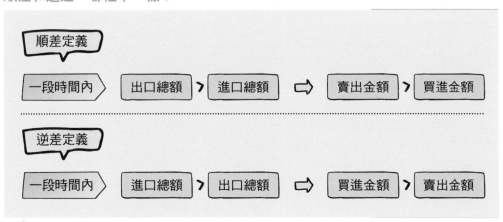

外匯等等，外匯的供給就會提高。所以，簡單來說，在一段時間內的出口總額大於進口總額，代表賣出去的金額比買進來的金額多，這就是順差（active balance）；相反地，在一段時間內的進口總額大於出口總額，這就是逆差（unfavorable balance）。

💰 從經常帳判斷順差及逆差

一般來說，貿易順差愈多的國家，這個國家的外匯存底就會愈多。世界各國多數是以出口為導向的國家，臺灣也是如此；當貿易持續出超，就會使得外匯存底居高不下。我們就「經常帳」這個項目來解讀的話，出口的商品多於進口的商品，就是順差；出口的商品低於進口的商品，就是逆差。外籍勞工來臺灣工作，把在臺灣賺到的薪資匯回自己的國家，這是逆差；當臺灣勞工到別國工作，把該國的薪資匯回臺灣，這就是順差。

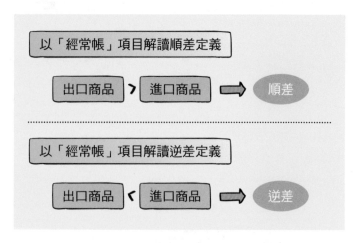

原則上，資本帳與金融帳兩者相加的餘額要和經常帳大小相等，但正負相反。資本帳及金融帳餘額反映一個國家如何支付其經常帳的交易。經常帳餘額為正數，代表順差，也代表這個國家的淨國外財富或淨國外投資

增加；經常帳餘額出現負數，代表逆差，這表示外匯資
產的減少或負債增加，持續性的經常帳赤字將可能導致
該國貨幣貶值。

從經常帳餘額看貨幣升貶值

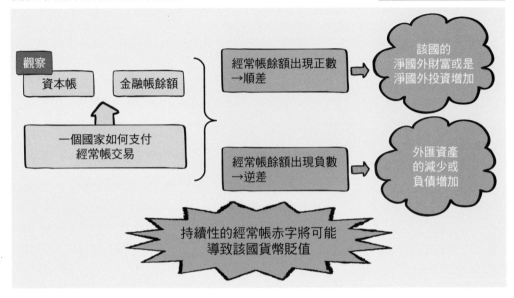

(Q) 高額的外匯存底一定就是強國的象徵嗎？

(A) 對於維持國家的經濟穩定，外匯存底的確扮演著重
要的角色。不過，外匯存底的高低並非是衡量經濟力強
弱的唯一指標。舉例來說，具有強勢貨幣的國家或經濟
體如美國，它就不需要太多的外匯存底；因為美元在國
際外匯市場中的流通性很大、需求也很大，所以它本身
的貨幣就是世界的通貨，根本不需要有什麼外匯存底。
反而是一些貨幣流動性低的開發中國家或經濟體，基於
政治或經濟上的考量，必須握有大量的、可以在世界流
通的外匯存底，藉此因應國際市場及政治情勢的波動。
此外，外匯存底的多寡也受到該國貨幣政策的影響；尤
其是實施（與美元）固定匯率或聯繫匯率的國家或經濟

體，必須靠著龐大的外匯存底才能夠穩定匯率，達到穩定國家經濟的目的。

外匯存底的多寡，受經濟體強弱、貨幣政策、政經影響

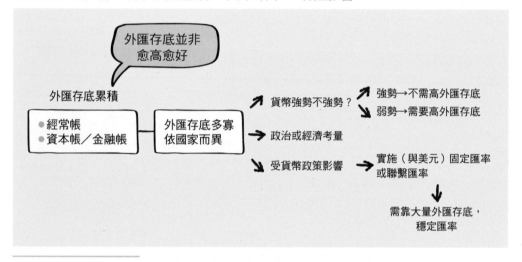

以臺灣為例，當新臺幣超貶時，因央行充足的外匯存底，央行即可拋匯藉此穩定新臺幣幣值。

攻：資產放強勢貨幣　守：負債放弱勢貨幣

Q 外匯存底是由經常帳、金融帳和資本帳所組成，這三項數據的強弱，可以提供什麼投資訊息嗎？

A 參考外匯存底的來源，投資人就可以做好資產配置。舉例來說，因為美國是進口多於出口的國家，但是它的金融業強盛，於是美國的經常帳較少，金融帳則較多；因此，美元必須維持它在貨幣市場中的強勢地位，主導美元相對於其他貨幣的市場匯率升貶。然而，日本和臺灣類似，經常帳多、金融帳少，因此新臺幣和日圓必須要時常維持弱勢，也就是得靠著貶值來刺激出口成長，以增加經常帳的餘額。所以我們可以說，資產要放在強勢貨幣的國家，負債要放在弱勢貨幣的國家。

從美國和日本的經常帳、金融帳看貨幣強弱

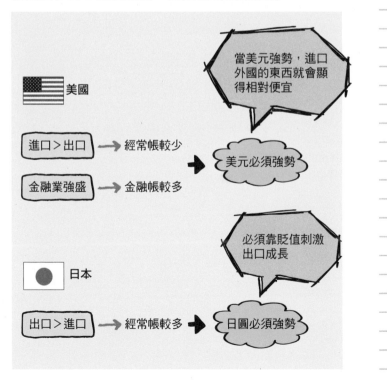

此外，經常帳與金融帳這兩個數值都上升的話，代表這個國家正處於經濟蓬勃發展期，的確是可以投資該國的指標。各國政府也會觀察經常帳和金融帳的數值，藉以推斷本國與對手國的相對實力高低，進而推出因應的政策。然而，外匯存底雖然可以觀察一國的國際收支情況，推論政府外幣政策的走向，但是如果只靠外匯存底就貿然做出投資決策，則稍嫌莽撞，最好還是多觀察幾項經濟數據加以參考判斷為宜。

重點 從外匯存底可以觀察一國的國際收支情況，推測政府外幣政策走向。可當作外幣投資的參考條件之一。在配置外幣時，可將資產放在強勢貨幣的國家，負債則放在弱勢貨幣的國家。

Q 既然外匯存底這麼重要，觀察外匯的流入與流出、以及瞭解該國主要的貿易地區和變動率，是不是有其必要？

A 是的。以央行公布的 106 年第三季經常帳順差為 205.1 億美元，金融帳淨資產增加 169.3 億美元，其中商品貿易順差為 229.0 億美元，較 105 年同季增加 58.9 億美元。出口因全球景氣升溫及半導體需求強勁，較 105 年同季增加 140.2 億美元；進口因出口引申需求增加及國際原物料價格上漲，較 105 年同季增加 81.3 億美元。累計 106 年一至三季，經常帳順差 546.4 億美元，金融帳淨資產增加 451.6 億美元。（資料來源：中央銀行）

而 106 年上半年對主要出口市場多呈上揚，尤以對亞洲市場出口較 105 年同期增加 15.0% 動能較佳，其中對中國大陸與香港出口 588 億美元，增 16.9%，為 7 年來同期最大升幅，以電子零組件增加最多為主軸，次為機械、基本金屬及其製品。對東協出口 278 億美元，年增

14.4%，亦呈二 位數成長，以電子零組件、礦產品增加最為顯著。對日本出口 98 億美元，刷新歷年同期最高紀錄，惟受電子零組件出口減緩影響，小幅成長 4.7%。歐美市場方面，對美國出口 174 億美元，增 8.4%，以資通與視聽產品增加最多；對歐洲出口 139 億美元，增 7.1%，主要係機械、資 通與視聽產品等增加。（資料來源：財政部統計處）

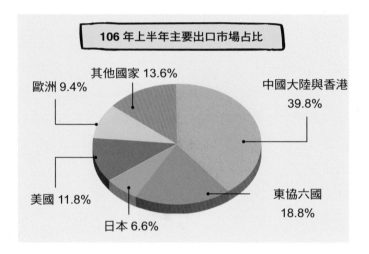

106 年上半年主要出口市場占比

其他國家 13.6%
歐洲 9.4%
中國大陸與香港 39.8%
美國 11.8%
東協六國 18.8%
日本 6.6%

106 年上半年自主要市場進口概況

	中國大陸與香港	日本	東協	歐洲	美國
金額	239	205	154	150	148
第一季	114	102	76	70	76
第二季	125	103	78	80	72
年增率	10.9	8.5	23.4	11.6	6.4
第一季	11.1	13.8	30.5	7.1	17.2
第二季	10.6	3.7	17.1	16.0	-3.0
占比	19.1	16.4	12.4	12.0	11.9
增減百分比	-1.0	-1.2	0.7	-0.5	-1.1

資料來源：IMF 國際貨幣基金組織

Q 世界主要國家的外匯存底有多少呢？

A 一般外匯存底都換成美元來計算，臺灣的央行固定在每個月的7日公布臺灣的外匯存底數字。2014年4月的外匯存底金額為4214.95億美元，較上月底增加22.96億美元。由於外匯存底不是只有美元，還有包含歐元等幣別，所以其他國家的幣別升值或是貶值也會影響外匯存底最終的數字。而此次外匯存底增加主因，除了因為外資匯入買超臺股之外，最大的主因是因為歐元等主要貨幣兌美元升值，也因此歐元在折算成美元之後，促使帳面價值增加了。

根據2017年12月的外匯存底數字，臺灣達到4.515億美元，為全球第三，僅次於中國大陸、日本。中國大陸的外匯存底則為3.139兆美元（中國大陸每季公布一次外匯存底），繼續蟬聯世界之冠。

2017年12月分 全球各國外匯存底

排名	國家	外匯存底（億美元）
1	中國	31,399.5
2	日本	13,224
3	臺灣	4,515
4	俄羅斯	4,320
5	香港	4,313
6	印度	4,093.7
7	南韓	3,892.7
8	新加坡	2,799
9	印尼	1,302
10	捷克	1,233.9
11	波蘭	1,140.7
12	以色列	1,130.1
13	馬來西亞	1,024
14	菲律賓	814.7
15	奈及利亞	507.22

資料來源：Stock-ai

Q 剛才提到外匯存底由各國的貨幣換算成美元，那麼外匯存底包含哪些幣別呢？

A 目前世界各國外匯存底最主要的幣別，大約是以美元、歐元、英鎊、日圓和瑞士法郎為主，其他流通量小的貨幣則被視為雜幣。舉例來說，臺灣的外匯存底比重美元占了大約六成的比例，歐元大約是二成，日圓大約是一成，剩下的大約是瑞士法郎和雜幣。就外匯存底前十大的國家來看，美元也是這十國持有的外幣中，占最大宗的比例。

近年來人民幣崛起，會不會也成為各國央行外匯存底的投資組合之一呢？由於人民幣目前仍屬於管制貨幣，不能自由流通，所以，臺灣的央行暫且不將人民幣視為外匯儲備貨幣的選項。至於澳幣和加拿大幣，自2008 年金融海嘯之後，基於外匯存底收益以及穩定性，各國央行調整以往「美元獨大」的模式，紛紛降低美元和歐元的持有比重，從而轉向持有澳幣和加拿幣，使得這兩國的貨幣從 2008 年至 2012 年短短四年來，分別升值 50% 和 21%。因此，國際貨幣基金組織（IMF）表示，澳元和加元將自 2013 年第三季起，納入 IMF 的官方儲備貨幣名單。由於外匯存底是將各國的貨幣換算成美元，各國之間的匯差就會影響外匯存底的數值，這時候，透過美元指數就可以瞭解美元在國際外匯市場中匯率的變動情況。

並非所有各國的中央銀行都向 IMF 披露其外匯存底的各種貨幣組成比重，而在 2017 年第三季，有 14.6% 的外匯存底尚未分配。因此，全球在 2017 年第三季，這 84.4% 經過官方「分配」的各種外匯存底中的貨幣，其中組成百分比如下所示：

觀念速解

國際貨幣基金組織

國際貨幣基金組織（International Monetary Fund，IMF）於 1945 年 12 月 27 日成立，與「世界銀行」並列為世界二大金融機構，職責為確保全球金融制度運作的正常。

IMF 職責包含下列三大項：

（1）監察貨幣匯率與各國貿易情況

（2）提供調控貨幣政策的技術

（3）資金協助，確保全球金融制度運作正常

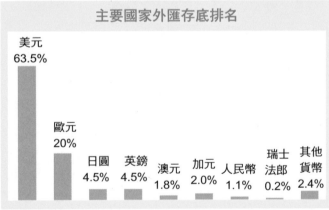

主要國家外匯存底排名

美元
63.5%

歐元
20%

日圓
4.5%

英鎊
4.5%

澳元
1.8%

加元
2.0%

人民幣
1.1%

瑞士
法郎
0.2%

其他
貨幣
2.4%

資料來源：IMF

Q 可以再說明如何解讀美元指數嗎？

A 根據我們前面的說明，美元指數（US Dollar Index，USDX）是透過平均美元與六種國際主要貨幣的匯率所計算出來的，這六種主要國際貨幣分別是歐元（EUR）、日圓（JPY）、英鎊（GBP）、加拿大幣（CAD）、瑞典克朗（SEK）、瑞士法郎（CHF）；它綜合反映出美元在國際外匯市場中的匯率表現情況。透過計算美元和這六種主要貨幣的綜合變化率，藉以衡量美元的強弱程度，也可以間接反映出美國的出口競爭力，以及進口成本的變動情形。

當美元指數上漲，代表美元升值，所以美元對其他貨幣的比價上漲；當美元升值，代表進口的商品價格就是下跌的。因此，美元升值等於提升美元的價值，對於以進口為主的美國來說，也是提高其購買力，對國家的整個經濟有好處。但美元升值，對一些行業也會造成衝擊，例如在美國當地是屬於出口為主的產業，會因為美元升值降低了出口商品的競爭力。相反地，當美元指數下跌，代表美元貶值，那麼美國的出口產業會因此得利，而進口產業就會吃虧了。

影響匯率的因素
——基本面

投資外幣賺賠很大的因素，在於所投資幣別的幣值是升值或是貶值？這關係到該國經濟的體質好不好。因此，透過主要的總體經濟指標就能檢視。而各國政府也是依據這些指標來調整政策，從而影響匯率的升貶。由上述可知，匯率走向牽動外幣投資是否獲利，而判斷匯率走向，主要的總體經濟指標、貨幣政策等基本面指標，均須一併參照評估。

單元重點
- 影響匯率原因
- 影響經濟好壞經濟指標

【影響匯率原因1 GDP】
預估匯率波動，首重 GDP

Q 如果想要透過經濟數據來瞭解一個國家目前的經濟情況究竟如何，投資人應該要注意哪一些經濟指標呢？

判斷一國經濟體質，基礎 5 指標

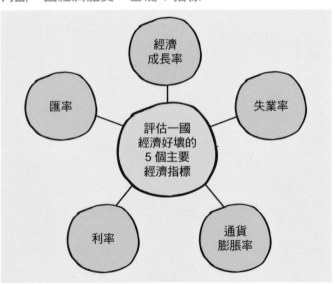

Ⓐ 初判一國經濟的好壞，主要可參考以下這五個比率，分別是「經濟成長率」、「失業率」、「通貨膨脹率」、「利率」和「匯率」。

首先，一般社會大眾最常聽到的，就是國內生產毛額（Gross Domestic Product，GDP）以及國民生產毛額（Gross National Product，GNP）。一個國家的總產出，是分別由各個不同的產業部門透過勞工或者機器設備，將原物料加工之後再產出製成品。這些產出額扣除投入的原物料或者半成品之後，就是加工創造產出的增加部分，稱之為附加價值（Value-added）；再把各種產出的附加價值，合計起來就是國內生產毛額。國內生產毛額的大小，表示一國的經濟規模；比較該年的 GDP 對於前一年 GDP 的增加率，稱之為「經濟成長率」，是判斷經濟情勢的重要指標之一。

判斷經濟指標好壞的方式有二：自己和自己比，或者是同一時期自己和同類型國家相比，這樣的比較方式才會有意義。

重點 投資不能靠感覺，對於投資新手來說，替一個國家做經濟體檢，先掌握五個基礎指標：「經濟成長率」、「失業率」、「通貨膨脹率」、「利率」和「匯率」，就能大致掌握一國經濟體質強弱。

Ⓠ GDP 和 GNP 有什麼差別嗎？

Ⓐ 「國民生產毛額」GNP 是以參與者的「國籍」為界定範圍；而「國內生產毛額」GDP 卻是以參與者所在的「國境」為界定範圍。所以，外籍勞工在臺灣從事生產所創造出來的價值，不能包含在臺灣的 GNP 之中。但是，僑居在海外的臺灣國民，他的生產價值、國民資產（譬如金融資產或不動產）、存放於國外銀行所孳生的

觀念速解

國內生產毛額

國內生產毛額（Gross Domestic Product，GDP）

在「一定期間內」，由一個「地區」裡所有的人民（不分國籍、人種，但限定在同一個地區）生產出來，提供「最終用途」的商品與勞務之「市場總價值」，稱為國內生產毛額。

觀念速解

國民生產毛額

國民生產毛額（Gross National Product，GNP）

在「一定期間內」，由一個「國家」的所有人民，在全世界各個地區（有國籍之分而無國界之分）所生產出來，提供「最終用途」的商品與勞務之「市場總價值」，稱為國民生產毛額。

利息或租金收入，都是計算在臺灣的「國民生產毛額」GNP 中。

所以，GNP 是以「國籍」分，GDP 是以「國境」來區分。而 GDP 計算的是一個「地區內」生產的產品、財貨、或勞務收入的總值，這也難怪 GDP 數據比較受到重視；主要是因為我們想要瞭解哪一個地區或國家值得投資，或者國際資金流向哪一個地區去，會讓資金運用起來更有效率，自然是要看該地區的 GDP，而不是GNP 了。

☆ GDP 計算公式

以「國境」來區分

國內生產毛額 GDP ＝ C（消費） ＋ I（國內民間投資） ＋ G（政府支出） ＋ X（出口）－ M（進口）

只要是在臺灣境內，不管是臺灣人或外國人，所創造的收入皆計入 GDP

☆ GNP 計算公式

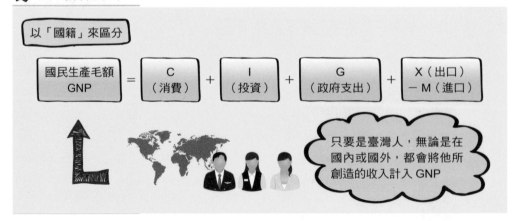

以「國籍」來區分

國民生產毛額 GNP ＝ C（消費） ＋ I（投資） ＋ G（政府支出） ＋ X（出口）－ M（進口）

只要是臺灣人，無論是在國內或國外，都會將他所創造的收入計入 GNP

Q GDP 和匯率的關係又是如何呢？

A GDP 或 GNP 的數值高低，通常直接代表了該經濟體在某一段時間景氣的好壞。舉例來說，2017 年第四季經濟成長率概估數為 3.28％，由於「保 3 成功」，也為臺股站穩萬點，提供有力的註腳。

至於公布 GDP 這個數據之後，市場將會如何反應？主要取決於市場原先對於 GDP 的預期。對外匯市場而言，不如預期的 GDP 成長率是一項利空消息。因為當未來的經濟展望不佳，已經在國內的資金（不管是內資或外資）會想要儘快外逃，找尋更好的投資機會；而尚未進來的潛在國外資金，更是不敢進來投資。於是，想要持有該國貨幣的動能銳減（較少外資想要進來該國了），想要拋棄該國的資金陡增（更多已經在該國的資金亟思逃離該國），這一來一往之下，該國貨幣價值自然會有貶值的趨勢。換句話說，如果實際公布的 GDP 數據超乎市場預期，那麼國外投資人將爭先恐後地將資金匯集到該經濟體，國內資金則不會想要外逃；如此一來，不只該國貨幣升值，股市、甚至房市也會上漲，這個時候，就會形成所謂「股匯雙漲」的格局了。

通常 GDP 成長率高的國家或是區域，容易吸引外資青睞，當熱錢紛紛湧入，景氣持續維持一段時間的榮景，造成 GDP 成長數值超乎預期，接下來，就有可能發生景氣過熱現象。這時貨幣主管當局會祭出緊縮政策，啟動升息循環，促使利率逐漸上揚。而在升息循環的初期，對股市而言會是個好消息，因為這代表榮景持續，企業獲利仍將成長，股價自然也會隨之上漲。不過，如果利率持續走升、居高不下，企業借款利息（資金成本）增加了，反而會侵蝕企業的獲利，那麼股價的漲勢就會中斷。

【影響匯率原因 2 利率】
利率高低牽動資金流向，影響貨幣升貶

Q 各國都重視 GDP 這個數值，每個國家的成長罩門都一樣嗎？

A 一般說來，利率和匯率長期走向會傾向一致，但是各國經濟成長的罩門不盡相同。舉例來說，當臺灣的銀行利率比其他國家還要高時，這時候大家都想來臺灣存錢，當一堆外幣湧入臺灣想要換成新臺幣時，對新臺幣的需求將大於供給，於是新臺幣就會升值。可是臺灣是以出口為導向的國家，新臺幣升值不利於出口產業，於是從 GDP 的結構當中〔GDP ＝ C ＋ I ＋ G ＋（X － M）；其中 C 代表消費；I 代表投資；G 代表政府支出；X 代表出口；M 代表進口〕看到「X」這個項目，它的數值就會因此而減少了；而臺灣的出口淨額（X － M）下降，臺灣的 GDP 數字當然就會受到影響。

由於股市和匯市息息相關，現在大多數的國家是以

看利率如何影響新臺幣升貶

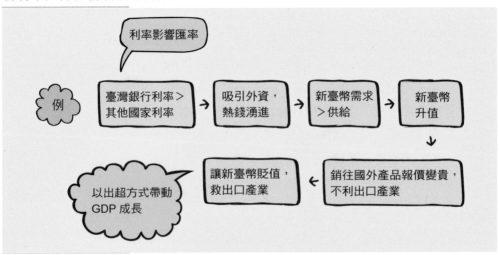

出口帶動國家的經濟成長，尤其是臺灣特別倚賴出口的高度成長來帶動經濟成長率（臺灣的出口貢獻 GDP 成長率超過七成）。當出口大於進口，就會形成貿易順超；而為了要達到貿易順差，其中一個方式，就是讓新臺幣傾向貶值。因為當新臺幣貶值，產品銷往國外的報價變得便宜了，因此可以拉抬業績成長。這就是為什麼世界各國常常會祭出貶值的策略以救出口（稱為貨幣競貶），企圖以出超方式帶動 GDP 成長。

影響中國和美國 GDP 的主要變動因素

中國大陸雖然素有「世界工廠」之稱，不過因為中國大陸是共產國家又是外匯管制國家，因此以往影響 GDP 的主要因素，反而是「G：政府支出」；倒是現在，有所謂的結構改革，傾向要以內需消費來拉抬經濟了。至於美國雖然向來是以進口為主，但是因為它的金融體系強，經濟體系大，而且又擁有強勢美元，利於消費，因此影響美國 GDP 的主要因素，反倒是「C：消費」。當投資人瞭解影響各國 GDP 主要變動因素之後，對於如何利用經濟數據來判斷該國未來匯率走勢，將會駕輕就熟。

【影響匯率原因 3 失業率和通貨膨脹率】
指數偏高時，央行將出手干預

Q 通貨膨脹率和失業率對於匯率有怎樣的關聯性呢？

A 我們常聽到的三大重要經濟指標，指的就是「國內生產毛額 GDP」、「通貨膨脹率」以及「失業率」。而其中「通貨膨脹率」和「失業率」這兩者加起來就是俗

稱的「痛苦指數」。正常年頭，「通貨膨脹率」和「失業率」走向是相反的，當經濟衰退，失業率上升，通貨膨脹率走跌；當經濟走強、失業率下降，通貨膨脹率卻會攀升。但在極端的情況之下，「通貨膨脹率」和「失業率」雙雙上升，代表一個國家的經濟衰退和社會失業率增加，這也難怪民眾會覺得很痛苦了。

💰 認識失業率與通貨膨脹率

先來看到「失業率」（Unemployment Rate）的定義。失業率是計算失業人口占勞動人口的比率，用來測量閒置中的勞動產能。在美國，失業率每月第一個週五公布，在臺灣，則於每月 23 日由行政院主計處公布。

再來看「通貨膨脹率」（Inflation Rate），這是指貨幣發行量與實際需要的貨幣量的比例，藉此反應通貨膨脹和貨幣貶值的程度，同時衡量民間實質購買力。常有人把通貨膨脹跟物價上漲混為一談，然而通貨膨脹與物價上漲是不一樣的經濟範疇；雖然如此，但是這兩者又有一定的關聯，因為通貨膨脹最為直接的結果就是物價上漲。

而衡量通貨膨脹率有三個指標，分別為「生產者物價指數」（PPI）、「消費者物價指數」（CPI）以及「零

觀念速解

**失業率
計算公式**

失業率＝（失業人口／勞動力）×100

觀念速解

**通貨膨脹率
計算公式**

通貨膨脹率＝（目前物價水準－基期物價水準）／基期物價水準

衡量通膨看這些

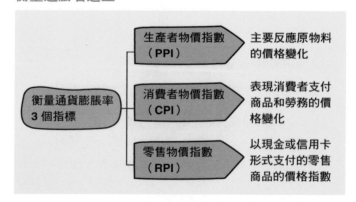

衡量通貨膨脹率3 個指標

生產者物價指數（PPI）— 主要反應原物料的價格變化

消費者物價指數（CPI）— 表現消費者支付商品和勞務的價格變化

零售物價指數（RPI）— 以現金或信用卡形式支付的零售商品的價格指數

售物價指數」（RPI）。

首先，「生產者物價指數」主要反應原物料的價格變化；「消費者物價指數」是表現消費者支付商品和勞務的價格變化；「零售物價指數」是反映一定時期內，以現金或信用卡形式支付的零售商品的價格指數。

概括來說，如果社會的經濟發展迅速，個人的消費就會增加；一旦商品需求高過於供給，就會導致物價的上升，那麼前述三項的其中一個指標就會上升，最後帶來通貨膨脹的壓力。一國的政府為了抑制通膨，通常會採取緊縮性的貨幣政策——提高利率；當利率提高，有所謂「套利交易（就是資金會從低利率的區域，流向高利率的區域）的產生，就會吸引外資湧入，最後帶動貨幣升值。但如果幣值連續升值好長一段時間，升過了頭，反而會影響該國公司的出口業績，進而造成股市衰退；最後央行為了要救出口產業，於是讓該國的貨幣貶值又成了最好的良藥。

各指標與貨幣升／貶值關係

該國指標／政策	數值	外匯進出	該國貨幣升／貶值
GDP	成長	流入	升值
	下跌	流出	貶值
通貨膨脹率	提高	流入	升值
	降低	流出	貶值
生產者物價指數	提高	流入	升值
	降低	流出	貶值
消費者物價指數	提高	流入	升值
	降低	流出	貶值
零售物價指數	提高	流入	升值
	降低	流出	貶值
失業率	降低	流入	升值
	提高	流出	貶值

觀念速解

生產者物價指數

生產者物價指數（Producer Price Index，PPI）是衡量製造商出售商品的物價指數。主要反映生產物料價格的變化狀況，用於衡量各種商品在不同生產階段的成本價格變化情況。

觀念速解

消費者物價指數

消費者物價指數（Consumer Price Index，CPI）是對一籃子生活必需品價格的衡量，主要反映消費者支付商品和勞務的價格變化情況，也是一種度量通貨膨脹水準的工具。它以百分比變化為表達形式。

觀念速解

零售物價指數

零售物價指數（Retail Price Index，RPI）是指以現金或信用卡形式支付的零售商品的價格指數。美國商務部每個月會針對銷售全國範圍的零售商品抽樣調查，包括傢具、電器、超級市場販售商品、醫藥等，不過各種服務業消費則不包括在內。其中汽車銷售額占大宗，約占總額的 25%。

該國指標／政策	數值	外匯進出	該國貨幣升／貶值
貿易收支	順差	流入	升值
	逆差	流出	貶值
利率	升息	流入	升值
	降息	流出	貶值
物價水準	較高	流出	貶值
	較低	流入	升值
央行買賣外匯	買入外匯	流入	貶值
	賣出外匯	流出	升值
外匯管制	增強		升值
	減弱		貶值

【影響匯率原因 4 貿易收支】

貿易順差持續擴大，貨幣最易被迫升值

(Q) 除了這五「率」之外，還有哪些經濟數據容易影響匯率呢？

(A) 對於外匯來說，貿易收支的情況最容易影響匯率的變動。我們先來解釋一下「貿易收支」（balance of trade）的這個部分，簡單來說，貿易收支（又稱貿易項目）是指一國出口商品所得外匯收入和進口商品的外匯支出的總稱。當一個國家的進口總額大於出口，便是「貿易逆差」（trade deficit），也叫「貿易赤字」；相反地，當出口大於進口，稱是「貿易順差」（trade surplus）；如果出口等於進口就是「貿易平衡」。

臺灣重出口，新臺幣升值不利出口產業

貿易收支數往往直接反映在市場走勢中，當某個國家貿易赤字擴大時，通常會促使該國國幣貶值，這樣才能刺激出口以增加外貿收入，使得貿易趨向於平衡；反

之，當出現貿易順差時，就會促使該國貨幣升值。

　　我們以新臺幣為例，之前美日實施擴大寬鬆政策後，使得該兩國貨幣競相貶值，新臺幣匯價從2012年第四季起波動變大，新臺幣呈現升值態勢，這也使得以外銷為主的電子業不只出現匯兌損失，甚至侵蝕當季獲利，一度造成電子股股價落後大盤。不過，從2013年首季起，人民幣升值與新臺幣貶值同時啟動，除了臺灣企業的海外銷售數字亮眼、甚至吃人民幣的企業也賺上一筆。但是綜觀2017年新臺幣從32.2開始升值，到2018年初，已經升破29元，升值幅度將近一成，讓很多出口廠商提列不少的匯兌損失，這對於臺股投資人來說，可能會是一項潛在的風險。

美元兌新臺幣走勢

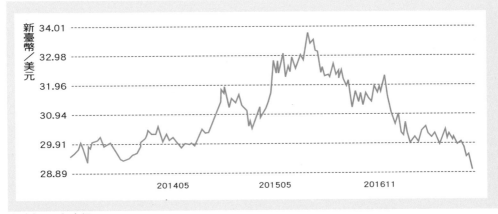

資料來源：鉅亨網

Q 當貿易順差愈來愈大，對於匯率和企業會產生什麼影響呢？

A 以正面的方式來解讀的話，當貿易持續出超累積了貿易餘額，這代表匯入這個國家或是地區的外幣變多了，也代表有外資或是熱錢湧入這個區域，在國家或地

區的整體經濟看起來蓬勃發展的情況下，不只該國的 GDP 會提高，同時也提高其他外資對這個國家或區域的投資意願，因此，該國的貨幣需求量變大，貨幣也會因此升值。

不過，當貿易順差變大，通常代表這個國家變有錢，而外匯存底持續增加，這個國家的貨幣就會被迫升值；但是以出口為導向的國家當然不願意，因為一旦貨幣升值，出口就會減少，GDP 也會因此被拉低，中國大陸就是最好的例子。

為因應美國的壓力，再加上中國大陸的經濟策略逐漸轉向內需市場，因此，中國大陸選擇放棄 GDP「保八」的成長率，逐步放手讓人民幣升值！2013 年 5 月 10 日，人民幣兌美元以 6.1417 人民幣兌 1 美元收盤，這樣近乎

貿易餘額累積有助貨幣升值

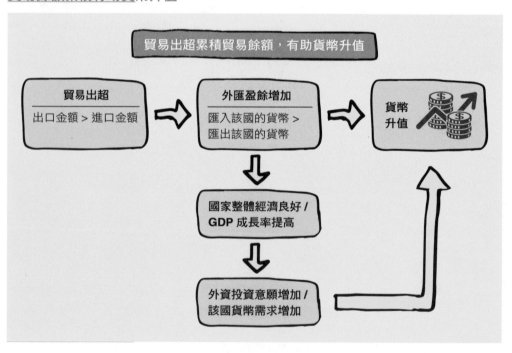

「破6」的匯率讓中國大陸的外貿企業幾乎是叫苦連天。假設以1000萬美元的訂單為例，人民幣兌美元匯率變動超過0.01元人民幣，利潤等於「蒸發」了10萬人民幣，更何況近期人民幣兌美元一路從2016年11月的6.9元，爬升到2018年元月的6.2元，瞬間少了70萬人民幣的利潤了。這對企業來說，殺傷力絕對很強大。

【影響匯率原因5 貨幣政策①】
出口導向國家怕升值，經常維持弱勢貨幣

Q 為了維持國際收支的均衡以及外貿企業的競爭力，各國央行是不是都有一些政策和措施來干預外匯市場呢？

A 對各個國家而言，為達到不同的經濟目標，例如降低失業率、達成GDP成長率、維持物價穩定、避免匯率波動過大等等，央行往往會透過財政政策或者是貨幣政策的執行，藉此達到干預匯率的目的。

先前提到的總體經濟指標，即為一種國家經濟成長好壞的「徵兆」，政府就是透過解讀這些指標來調整政府政策；而政府政策包含財政政策和貨幣政策，透過這兩種政策的執行，也會影響一國的匯率升貶。財政政策大致上藉由擴大或減少政府支出，增加或減少課稅；貨幣政策通常是由各國央行主導，包括擴張性或是緊縮性的貨幣政策，都是政府藉以提高或降低國內經濟活動熱絡程度的一種做法。

至於這兩種方式孰優孰劣？大體來說，財政政策和貨幣政策各有優勢：財政政策的啟動執行，通常要花比較多的時間、流程比較慢，因為要增加的龐大經費得要經過國會同意，所以曠日廢時；貨幣政策的執行則比較快，只要少數幾個人開完央行理監事會議就可以決定

了，唯一要考慮的是，如何拿捏輕重（是升息一碼或是半碼，沒有一定的公式可以遵循）。貨幣政策就像是吃中藥，藥性溫和，隨時可以依病情調整下藥；財政政策就像是西醫進手術房開刀，直接將病灶切除，自然需要有更多的前置時間進行評估作業。

央行的財政政策

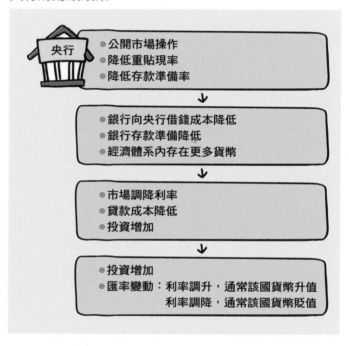

（Q）貨幣政策是如何影響匯率呢？

（A）所謂貨幣政策，通常是由一國的中央銀行或者是貨幣管理機構，透過調整利率和控制貨幣供給量等手段來刺激或減緩經濟成長率，以達到某些總體經濟目標。貨幣政策的優點是，它可以針對當時的經濟情況，及時因應調整，通常只要央行召開理監事會議，達到共識後，就可以公布實施。利用升息、降息來控制貨幣的供給量，固然是一種手段，但為了避免拿捏失當，通常央行或貨

幣主管機構都會採取漸進式的調整措施。而公開市場操作，則是中央銀行經常運用的貨幣數量調控工具，透過在公開市場買進或賣出有價證券，達到寬鬆或緊縮市場資金的目的，進而影響銀行體系的準備貨幣或短期利率。而當短期利率有所改變之後，該國的匯率通常也會跟著升值或貶值。假設該國央行是升息（而且是使重手，調升存款準備率，而不是重貼現率），那麼該國的短期利率將會因而上升，如果該國相較其他國家的利率較高的話，就會吸引其他國家的投資人，把錢「搬」到該國，於是，該國的貨幣就會因而升值了。相反地，如果該國降息，該國的貨幣就會被吸引到他國去，該國的貨幣就會因而貶值。

央行干預外匯市場的目的及方法

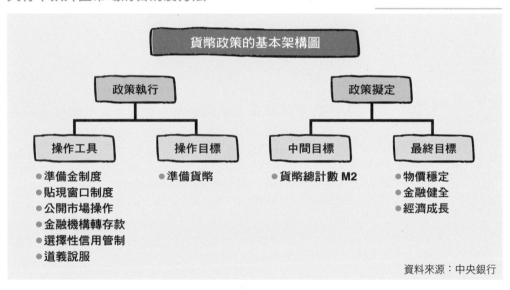

資料來源：中央銀行

因此，貨幣政策概括性來說，就是針對「利率」和「匯率」兩者的調整；利率的部分就是升息和降息，匯率的部分則是牽涉到本國貨幣對於他國貨幣的升值和貶值。

舉例來說，美國政府調整貨幣政策時，將影響企業的營收和利潤；而營收和利潤的高低，就會影響投資人對於公司的評價，股市因此隨之漲跌。所以，如果瞭解貨幣政策與市場的關係，就可以明白股市為何而漲？為何而跌？而股市既然是經濟的櫥窗，當經濟問題改善之後，國家的經濟情況隨之好轉，使得人民願意消費，自然公司的營收也會跟著成長；企業一旦獲利，就會促使股價上漲。而當景氣回溫熱絡之後，物價將會逐步走高，而有通貨膨脹的隱憂，迫使政府採取升息措施，藉著提高利率以抑制通膨的進一步惡化。然而利率一高，就如前一段的說明，也容易吸引熱錢流入，而使得該國貨幣升值，貨幣升值的結果不利於出口產業，但卻有利於進口貿易，因此產生貿易逆差。貿易逆差將會讓 GDP 下降，這時候，該國為了刺激出口，拉抬 GDP 成長率，就會採取干預措施，迫使貨幣貶值以救出口產業，刺激經濟成長。如此周而復始，貨幣政策就是這樣影響匯率變化的。

> **重點** 央行就是透過調整利率和控制貨幣供給量的方式來控制匯率，一國的貨幣是升值或貶值，就看政府的貨幣政策。調整貨幣政策時，一定會影響企業營收和利潤，進而影響股市漲跌和一國經濟。

貨幣政策及其影響

	寬鬆性貨幣政策	緊縮性貨幣政策
目的	提振股市與經濟	降溫股市與經濟
方式	●降息：調降聯邦基金利率／法定存款準備／重貼現率。 ●增加貨幣供給量：政府利用公開市場操作，買入公債。	●升息：調升聯邦基金利率／法定存款準備／重貼現率。 ●減少貨幣供給量：政府利用公開市場操作，賣出公債。
影響	●股市熱絡 ●景氣回溫 ●物價上漲 ●該國的貨幣先貶後升	●股市降溫 ●景氣下降 ●物價下跌 ●該國的貨幣先升後貶

【影響匯率原因 6 貨幣政策②】
吸引資金熱錢追捧，高利率常伴隨貨幣升值

(Q) 那麼，央行干預外匯市場最常使用的方式是什麼？

(A) 概括來說，央行升降息利率（Interest rate）、貼現率（Discount Rate）及重貼現率（Rediscount Rate）以及公開市場操作（Open Market Operation）是最常見的方式。先看公開市場操作的這個部分。

公開市場操作是中央銀行經常運用的貨幣政策工具，透過在公開市場買進或賣出有價證券，達到寬鬆或緊縮市場資金的目的，進而影響金融體系的準備貨幣或短期利率。簡單來說，當中央銀行認為市場資金過剩或是景氣過熱，想要採行緊縮性的貨幣政策時，通常會透過公開市場賣出有價證券或是發行定期存單給銀行。這時候，銀行在央行的存款部位將因而減少，代表其準備金也等額降低；如此將削弱銀行放貸的能力，進而貨幣供給額的成長也將受到抑制。相反地，如果中央銀行想要提振景氣，則可以透過公開市場買進銀行持有央行認可之有價證券，將錢釋放出來，達成寬鬆市場資金的目的。央行實施公開市場操作，可以持續且微量地進行，因此具有相當的彈性。

(Q) 那麼升降息的部分，又該怎麼判斷呢？

(A) 除了公開市場操作之外，央行也可以藉由升／降息來影響整體經濟體的運行。只不過，這個「息」是哪一種？代表的意義和力道可是不一樣的，這也難怪分析師的預測中，央行的利率展望總是占了研究報告的最大篇幅。利率的意義，其實就是貨幣的價格是由貨幣的供給量和需求量決定的。當貨幣市場上貨幣的供給量大於需求量，利率就會下降，幣值也會貶值；當貨幣市場上的

需求量大於供給量時，利率就會上升，貨幣也隨之升值。

央行透過升息、降息調整貨幣貶值

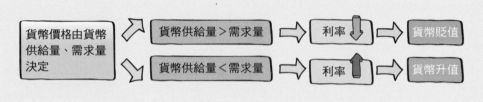

Q 所以，傳統的貨幣政策，以利率而言，要振興經濟的方式就是降息囉？

A 沒有錯，但是，經濟學上關於利率的討論，分成很多種。大致上有貼現率、重貼現率（、存款準備率（Required Reserve Rate）、法定存款準備率（Legal Reserve Rate）、同業拆款利率（「聯邦基金利率」）（Interbank Call Loan Rate）五大類。

全球經濟逐漸脫離金融海嘯的影響，可是美國部分金融機構在資金上還是相當依賴聯準會（Fed）將利率維持在低檔；但是，長期維持低利率，很容易引發資金氾濫，造成通貨膨脹和資產泡沫。因此，Fed 不會在經濟起步初期隨便升息，但是會透過調升重貼現率，作為貨幣政策將要轉向的宣示。因此我們可以觀察，當央行調降「重貼現率」，就意味著央行支持銀行繼續放款，因為可以刺激經濟，股市也會因此跟著轉好；如果央行調升「重貼現率」，就意味著央行不希望銀行持續把款項貸放出去，這就是央行想要縮緊銀根的前兆。在一般的情況下，利率和貨幣的升貶值長期走向是傾向一致的；換句話說，利率的升降也伴隨著該國貨幣的升值和貶值。

影響股、匯市漲跌的重大利率

Ⓠ 當美國聯邦準備理事會調整「存款準備率」，又會有甚麼影響？

Ⓐ 由於銀行的收入來源之一，就是放款和存款間的利差，因此，銀行會希望貸放出去的金額愈多愈好。可是銀行也會考量風險，擔心如果將客戶的存款全部貸放出去，那麼當客戶想將存款領出，卻領不到足額的金錢時，就會造成擠兌。因此，銀行必須準備部分比例的現金，供存戶提領，這就是「存款準備率」。

每一家銀行訂定的存款準備率不一定相同，各有各的規範。央行為了統一管理，因此訂出「法定存款準備率」，規定各家銀行不得低於央行所訂的標準。而央行則會透過調升或調降「法定存款準備率」來調節市場上的資金。如果央行認為市場上的資金夠多了，就會調升「法定存款準備率」，使得銀行可以放款出去的比例變少。

當銀行可供放款的比例變少，它必須提高存款總額才能夠維持先前的利潤；所以，銀行就必須吸引更多的存戶進來，因此會祭出提高存款利息的方式。於是，當央行透過調升／調降「法定存款準備率」時，銀行也會同步調升／調降存款和放款的利率。然而如果央行宣布調升／調降「重貼現率」，多半只是宣示作用，實際效果有限，畢竟持有支票又有貼現需求的民眾少之又少。而如果央行宣布調升／調降「法定存款準備率」，就會直接影響社會大眾的荷包。通常如果貨幣政策採取調升或調降重貼現率，代表宣示性意義大於實質性意義；我國央行多半是先採取這種方式來引導利率的走向。然而中國大陸的央行多半直接下重手，升降法定存款準備率；至於美國，則多半採取調升或調降「聯邦基金利率」來引導市場利率的走向。

央行調節市場資金的方法：調整「法定存款準備率」

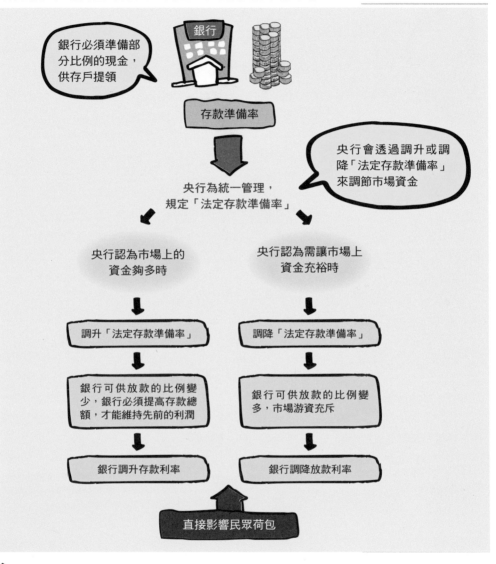

重點 各國央行引導利率的走向的方式不一，在臺灣是宣布調整「重貼現率」，而宣示意義大於實值意義；中國大陸常利用升降法定存款準備率的方式來調整利率；在美國，則多半採取調升或調降聯邦基金利率來引導利率的走向。

美國聯邦準備理事會：
聯邦準備系統（Federal
Reserve System，Fed），
全稱為美國聯邦準備
系統，也稱為美國聯
邦準備理事會（聯準
會），是美國的中央銀
行體系。聯邦準備系統
包括：「聯邦準備系
統理事會」（Board of
Governors of the Federal
Reserve System）、「聯
邦公開市場委員會」
（Federal Open Market
Committee，FOMC）、「聯
邦準備銀行」（Federal
Reserve Banks）、約三千
家會員銀行以及三個
諮詢委員會（Advisory
Councils）。

Q 什麼是「同業拆款利率」（Federal Funds Rate）？

A 「同業拆款利率」在美國稱之為「聯邦基金利率」
(Federal Funds Rate)。我們常常會看到或聽到媒體報章
新聞說：美國聯邦準備理事會（Fed）調升或調降「聯
邦基金利率」。其實，更精確的說法應該是，Fed 調升
或調降「聯邦基金目標利率」。美國比較大型行庫的高
層會討論銀行跟銀行之間拆借的基準點是多少，因為很
多時候，銀行不會想讓央行知道自己缺乏頭寸，所以多
半不到最後關頭不會輕易跟央行調頭寸，而是會跟銀行
同業拆借款周轉。而常聽到的 LIBOR（倫敦銀行同業拆
款利率）或是 SIBOR（新加坡銀行同業拆款利率），就
是指在倫敦（或新加坡）銀行同業拆借款的參考指標利
率。假設聯邦基金利率是 1%，今天 A 銀行跟 B 銀行借
錢，利率就是 1%；設定這個利率水準之後，就會影響
銀行的資金成本，進而影響貸放出去的利率。如果美國
聯準會為了讓銀行同業之間瞭解現有資金成本是多少，
它就會利用調整同業拆款利率，讓銀行明白貸放出去的
資金應該怎麼加減碼，也希望利率合理化。

「聯邦基金利率」的意義與重要性

指標利率	「聯邦基金利率」（Fed Fund Rate）
公布單位	美國聯邦準備理事會（簡稱聯準會，Fed）
公布時間	● 每年舉辦八次會議，行程會事先公布，但開會時間則不一定。 ● 必要時會召開臨時會議。
重要性	● 代表短期市場利率水準 ● 聯準會會設定目標區間，要求各銀行將利率維持在該區間之內，以維持利率穩定。
影響	● 景氣好轉→升息→緊縮貨幣政策→抑制貨幣供給→預防通膨發生→該國的貨幣升值。 ● 景氣轉差→降息→寬鬆貨幣政策→增加貨幣供給→刺激經濟成長→該國的貨幣貶值。

Q 常常聽到 QE1、QE2、QE3，QE 到底是什麼？

A QE 是指「量化寬鬆政策」（Quantitative Easing）。它為什麼這麼重要，重要到全世界都會關注？因為它是救股市和救經濟最猛的一帖藥。「量化寬鬆政策」是貨幣政策當中最直接的做法；有人說，這是直接印鈔票出來給你。當經濟情況如同一灘死水的時候，縱使利息降到趨近於零，經濟依然沒有起色，還是沒有人願意拿錢出來投資、生產。這時，央行認為透過降息救經濟太慢、太沒有效率了，實施 QE 直接印鈔票，把政府公債買回來，將錢直接注入到市場上，讓市場馬上就有資金可以使用。因此，「量化寬鬆貨幣政策」就是央行大量的印製鈔票，藉以購買國債或符合某些評等的公司債券等方式，向市場注入超額的資金。

印鈔票救市的「量化寬鬆政策」

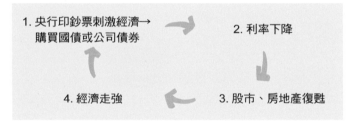

1. 央行印鈔票刺激經濟→購買國債或公司債券
2. 利率下降
3. 股市、房地產復甦
4. 經濟走強

Q 既然利率會影響市場資金的活絡性，間接影響股票市場，那麼匯率的部分又是如何變化？

A 大多數的國家都是以進出口貿易為主，因此匯率的變動會影響到一國的經濟，因為它左右跨國企業的營收，進而影響股價；因此，各國的央行都致力於控制一國貨幣相對於他國的相對價值，也就是所謂的匯率。這就是我們一直在說的，該國的貨幣相對於貿易對手國貶值可以救出口，升值可以救進口。

當本國相對於貿易對手國的幣值是貶值時，商品賣

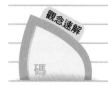

觀念速解

碼

一碼的利率是 0.25%，加一碼就是利率增加 0.25%，減一碼就是利率降低 0.25%。銀行或是央行會透過加碼或是減碼，來調整市場上的資金成本，至於幅度，都是採取微調及循序漸進的方式，如果今天利率增加／減少 1%，就是調升／調降四碼，這樣的幅度就很大了。

所以，在美國，「聯邦基金利率」是指標利率。從 2008 年金融海嘯以來，「聯邦基金利率」已經調降至幾近於零。當企業缺乏資金時，一般會跟銀行借錢，利息低的時後，資金成本和還款壓力都變輕了；因此，企業會比較樂於借錢周轉去投資、去生產產品，這樣才有機會生存，於是降息起了激勵作用。此外，在利息較輕省的情況之下，一般民眾也會比較願意借錢去創業、去投資，股票市場也才會活絡。因此，每當 Fed 宣布調降或是調升「聯邦基金利率」時，美股總會及時反映漲跌，其重要性可見一斑。

到他國的報價變便宜，比較會受到他國消費者的青睞，銷售成績單自然也會漂亮，使出口值增多，這一增多，也可以增加 GDP 總值。但是，也因為該國貨幣貶值、購買力降低了，使得進口的原物料和設備成本都提高，造成進口商的負擔，這就是其不良的副作用。而日本從 2012 年底開始實施的「安倍經濟學」，主軸在於促使日圓不斷地貶值，帶動出口產業，就是這個道理。

匯率對一國進出口貿易的影響

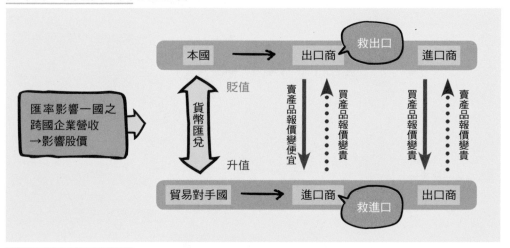

【影響匯率原因 7 財政政策】
政府影響匯率的策略，要擴張還是緊縮？

Ⓠ 財政政策又如何影響匯率呢？

Ⓐ 財政政策包含擴張性的財政政策或緊縮性的財政政策。擴張性的財政政策，有人俗稱是灑錢救經濟，也就是政府透過增加「鐵公基」——鐵路、公路、基礎建設的預算，進而啟動興建重大建設、擴大內需來振興經濟，也趁此增加就業機會，對於當年度的 GDP 有一定的拉抬作用。此外，擴張性的財政政策還有減稅。本來你賺 100 元，以前要繳 30 元的稅，可支配的金額就剩下 70 元；

當政府減稅，變成只要繳 15 元的稅，可支配的金額就
會提高到 85 元，這麼一來，人民有更多的錢可以花用，
當然也能達到提振經濟的效果。緊縮性的財政政策也有
兩種。一種是「撙節支出」，此時 GDP 中的政府支出
就會降低；另一種是「加稅」，這樣人民可支配運用的
金錢就變少了。而這兩者政策對市場的影響，剛好跟擴
張性的財政政策相反。

政府調整經濟的兩個財政政策手段

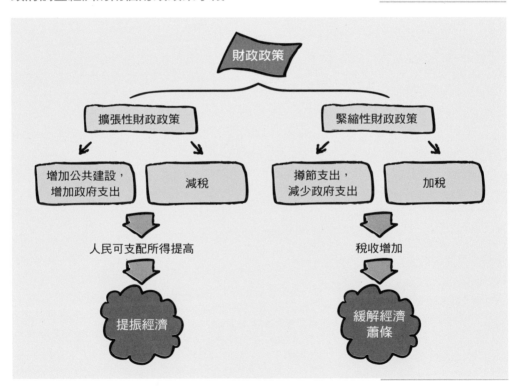

應該灑錢救經濟？還是撙節支出共體時艱？

至於是要撒錢救經濟或是減稅？這些是各國財政
政策常見的話題。例如：美國在 2012 年底和 2013 年初
面臨財政懸崖時，美國總統歐巴馬認為，如果政府要透
過延續之前的減稅措施來拯救經濟，那麼赤字一定會增

加，甚至於赤字規模還會爆表。所以他認為不能再減稅了。可是美國經濟卻仍持續低迷，然而 QE 已經實施到第四輪了，還得要財政政策搭配實施，才能挽救高達 7.8% 的失業率。因此，歐巴馬未來對於財政政策的決策方向一直持續受到關注，原因即在此。另外，2009 年之後，歐豬五國的財務狀況一直不佳，尤其以希臘為甚，所以，它們一直被逼迫要實施撙節開銷的緊縮性財政政策，以避免國家債務的日益膨脹。但是，歐豬五國國內的人民始終反彈很大，因為這樣的緊縮性的財政政策，等於是要政府縮減他們的福利措施，既得利益者的人民哪有不反對的道理。一直到最近，這些國家面臨山窮水盡，真的快要借不到款項，面臨斷炊之際，五豬之首的希臘在 2013 年的 5 月才同意裁減公務人員、降低公務人員薪資，以減少政府支出。而一直以來，該國也在研究要不要從緊縮性的財政政策變成寬鬆性的財政政策，以刺激國內經濟。當歐豬五國國內經濟開始復甦了，也才能讓世人重新拾回對歐元的信心，歐元也才不會持續疲弱不振。

財政政策及其影響

	擴張性財政政策	緊縮性財政政策
目的	提振股市與經濟	打擊股市與經濟
方式	●減稅：調降營業稅／所得稅／贈與稅／遺產稅。 ●增加政府支出：推動公共建設→提高社會總需求→增加就業機會→物價逐漸上漲→該國的貨幣升值。	●加稅：調升營業稅／所得稅／贈與稅／遺產稅。 ●減少政府支出：刪減公共建設預算→降低社會總需求→削弱就業機會→物價逐漸下滑→該國的貨幣貶值。
影響	●股市熱絡 ●景氣回溫 ●物價上漲 ●利率上升該國貨幣升值	●股市降溫 ●景氣下降 ●物價下跌 ●利率下降 ●該國貨幣貶值

看基本面，
判斷匯率升貶趨勢

① 影響匯率的主要因素有：
- GDP
- 利率
- 失業率和通貨膨脹率
- 貿易收支
- 貨幣政策
- 財政政策

② 股市和匯市息息相關
股市和匯市連動性高，現在大多數的國家是以出口帶動國家的經濟成長，尤其是臺灣，特別倚賴出口來帶動經濟成長率。

※ 臺灣的出口貢獻 GDP 成長率超過七成

當出口大於進口，就會產生貿易順差；為了要達到貿易順差，其中一個方式就是讓新臺幣傾向貶值。因為當新臺幣貶值，產品銷往國外的報價變得便宜了，因此可以拉抬業績成長。

➡ 世界各國經常會祭出貶值的策略以拯救出口（稱為貨幣競貶），企圖以出超方式帶動 GDP 成長。

學會觀察匯率高低
關注外幣歷史波動，尋找投資切入點

投資外幣前，先掌握匯率高低位置，才能判斷是否出手。要查匯率可從銀行的歷史匯價著手。

　　當你想要投資外幣的時候，它現在是處於歷史的高檔還是低檔區？投資新手該如何判斷？首先，我們要先搞清楚，現在的外幣兌換新臺幣的價位目前是多少。例如：臺灣銀行營業廳內的牆上會掛有一個大牌子，這個牌子上會寫著各國與新臺幣的匯兌利率，這就是「牌告匯率」。「牌告匯率」上面的報價是要站在銀行的角度來看的。以下列臺銀的牌告匯率而言，假設投資人有一批美元想要兌

臺灣銀行外幣匯價看這裡

臺灣銀行
BANK OF TAIWAN

正體中文

2018/03/12 本行營業時間牌告匯率

請注意：
1. 本表資料僅供參考，不代表實際交易匯率。
2. 「網路銀行」及「Easy購線上申購現鈔或旅支」之實際交易匯率，以交易時顯示之匯率為準。
3. 臨櫃實際交易匯率以交易時本行匯率為準。
4. 本網頁牌告匯率資訊為靜態顯示，顯示之牌告匯率資訊不會隨後續異動而自動更新資訊，欲知本行最新牌告匯率資訊請按「取得最新報價」鈕。

取得最新報價　線上申購外幣現鈔或旅支

牌價最新掛牌時間：2018/03/12 16:01

幣別	現金匯率		即期匯率		遠期匯率	歷史匯率
	本行買入	本行賣出	本行買入	本行賣出		
美金 (USD)	28.925	29.467	29.225	29.325	查詢	查詢
港幣 (HKD)	3.589	3.779	3.704	3.764	查詢	查詢
英鎊 (GBP)	39.54	41.47	40.41	40.83	查詢	查詢
澳幣 (AUD)	22.74	23.4	22.93	23.16	查詢	查詢
加拿大幣 (CAD)	22.47	23.21	22.74	22.96	查詢	查詢
新加坡幣 (SGD)	21.77	22.55	22.19	22.37	查詢	查詢
瑞士法郎 (CHF)	30.15	31.21	30.68	30.97	查詢	查詢
日圓 (JPY)	0.2664	0.2774	0.2728	0.2768	查詢	查詢
南非幣 (ZAR)	-	-	2.44	2.52	查詢	查詢
瑞典幣 (SEK)	3.17	3.68	3.51	3.61	查詢	查詢
紐元 (NZD)	21.09	21.72	21.33	21.53	查詢	查詢
泰幣 (THB)	0.8315	0.9745	0.92	0.96	查詢	查詢
菲國比索 (PHP)	0.4891	0.6221	-	-	查詢	查詢
印尼幣 (IDR)	0.00178	0.00248	-	-	查詢	查詢
歐元 (EUR)	35.42	36.57	35.92	36.32	查詢	查詢
韓元 (KRW)	0.02575	0.02965	-	-	查詢	查詢
越南盾 (VND)	0.00091	0.00141	-	-	查詢	查詢
馬來幣 (MYR)	6.431	8.021	-	-	查詢	查詢
人民幣 (CNY)	4.534	4.696	4.606	4.656	查詢	查詢

資料來源：臺灣銀行

換成新臺幣，那麼要看到「現金匯率」那一大欄位，而且是選擇「買入」的報價，代表的是銀行跟投資人「買」進外幣，所以牌告上美元的現金買入價格是 29.53000 元，代表投資人的 1 美元可換到 29.53000 新臺幣。但假如你是要換成美元到美國去旅遊，那麼你得要以 30.07200 元新臺幣才能換得 1 美元，因為這時候是

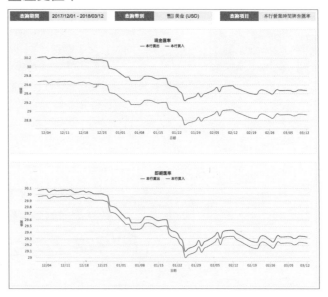

銀行要「賣出」美元現鈔給你，所以，就要看現金匯率——「賣出」這個欄位。

至於這樣的匯兌價格是高還是低？那就必須查詢歷史匯率才能知道。

投資新手可以進入臺灣銀行的官方網站，點選「牌告匯率」，會顯示各國的目前的匯價。投資人選定自己要投資的外幣之後，在最右邊的欄位點選「歷史匯率」，就可以查詢最近一個營業日、最近三個月該外幣兌新臺幣的走勢圖；也可以指定查詢某些年月時間。例如：投資人選擇查詢美元最近這三個月的走勢圖，就會得到數據和本頁的圖表。

我們可以發現，2017 年 11 月 24 日，美元兌新臺幣的匯率為 30.182 元；兩個月後，美元兌新臺幣來到 29.095 元。換句話說，假設投資人有 10 萬元新臺幣，在 2017 年 11 月 24 日將新臺幣換成美元，投資人可以換到約 3313 美元（100,000／30.31）；但如果是在 2018 年 1 月 25 日才將新臺幣換成美元，這 10 萬元新臺幣，卻可以換到 3437 美元（100,000／29.095）左右。所以，外幣兌新臺幣是升值還是貶值？價位是高還是低？如果投資人初步想要找尋適當的時間點切入，當然需要瞭解過去一段區間匯率的波動情況，像這種可以查詢外匯歷史價位的功能，不只方便，也相當重要。如此一來，投資人在觀察目前匯率價位是位於相對較高還是較低區間，就可以一目瞭然，不至於像瞎子摸象一樣，毫無概念了。

影響匯率的因素
——消息面

影響外匯市場交易變化的因素很多，除了一國的經濟基本面和政策走向，消息面也是不可忽視的一環，包括：投資者的預期心理、國際熱錢的流向、套利交易的進行、投機性買盤追逐原物料市場等，這些也都是造成貨幣升值和貶值的重大原因。

- 認識影響匯率消息面
- 學會判讀消息面的意義

預期心理＋國際熱錢，撼動股匯市的外力

Q 「預期心理」對外匯市場具有如何的影響力呢？

A 根據法國學者阿夫達里昂（A.Aftalion）於 1927 年提出的「匯兌心理說」，他認為民眾之所以需要外幣，是為了滿足某種欲望，如支付、投資或投機等等。也就是因為這些欲望，才會使得民眾願意持有外幣，外國貨幣才具有價值；至於貨幣價值的高低，則是民眾本身的主觀想法。在這樣的投資心理狀態之下，一國貨幣之所以有人會追捧，是因為它被認為具有價值，而價值大小就是其主觀評價。

根據經濟學上的邊際效用理論，當外匯供給增加，單位外幣的邊際效用就會遞減，外幣的價值就會下降，在這種主觀的判斷下，外匯的供給就不會持續地增加，反而逐漸地和外匯的需求相等，沒有超額供給，匯率就不會再有波動。而當市場普遍預期某國貨幣將增值，就會吸引投資人持有；相反地，當市場預期某國的貨幣將貶值，投資人就會急著想要出脫外逃，趕緊抽離資金。

因此，預期心理對於貨幣升貶的影響極大，有時甚至可能成為外匯市場變動的關鍵因素。一旦民眾對於某種貨幣的預期心裡形成一股方向，就有可能誘發大規模的資金移動潮。

舉例而言，假設一個國家的 GDP 成長率持續升高，不只本國民眾看漲該國貨幣價值，甚至連外國民眾和投資者也想分一杯羹，會引發「有匯惜售」與「無匯搶購」的現象，這樣的預期心理如果發生，往往會造成該國貨幣迅速升值，反之則會引起該國貨幣的狂貶。例如：1997 年到 1998 年發生的亞洲金融風暴，國際炒家聯袂狙擊外匯存底極少的泰國、馬來西亞等國，外界普遍預期，這些政府終究攔阻不了搖搖欲墜的幣值崩跌趨勢，再加上外資也因為預期心理而大舉外逃，最後導致東南亞多數國家貨幣大貶，應驗大家的預期心理。

Q 亞洲金融風暴是怎麼一回事？

A 投資大師索羅斯（George Soros）挾著量子基金裡龐大的資金部位放空泰銖，造成泰銖大貶，緊接著東南亞、甚至於東北亞其餘各國的貨幣和股市，也幾乎無一倖免。

如果以 1998 年 3 月底與 1997 年 7 月初的匯率比較，當時除了港幣之外，東南亞各國兌美元幾乎全貶，跌幅少則 10%，多則超過 70%。其中泰銖貶值 39%，馬來西亞令吉貶值 40%，韓圜貶值 36%，印尼盾則貶幅高達 72%。我們主要的貿易競爭對手國——韓國，其幣值一度從 800 韓圜兌 1 美元的匯率，貶值至 1695 韓圜兌 1 美元；日幣兌美元曾兩度跌至 146.64 日圓兌 1 美元。和其他國家相較之下，臺灣及新加坡受傷幅度最小，貶值幅度僅兩成左右；我國貶幅相對較小的主要原因在於，我國擁有充沛的外匯存底。

觀念速解

升值／貶值

假設基準值 美元：新臺幣 = 1:30（30 元新臺幣兌換 1 美元）

●**狀況一**

美元：新臺幣 = 1：32

現在花了 32 元才能兌換 1 美元，比原先多花了 2 元新臺幣才能換到 1 美元，此時為新臺幣貶值。

●**狀況二**

美元：新臺幣 = 1：29

只花 29 元就能兌換 1 美元，比原先少花了 1 元新臺幣就能換到 1 美元，此時為新臺幣升值。

亞洲金融風暴：東南亞主要國家貶值幅度

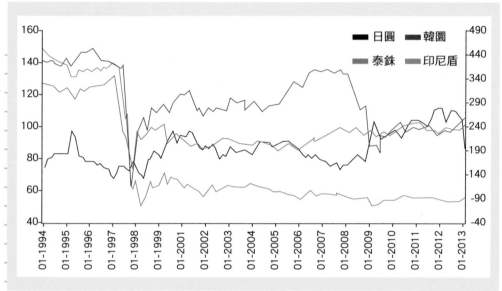

資料來源：鉅亨網

　　除了港幣之外，東南亞主要國家的貨幣在短期之內急遽貶值，股市也跟著崩跌，不只各國國內引發輸入性通貨膨脹（指的是該國因為幣值貶值，連帶使得進口物價上漲——特別是油價大幅度的上漲，帶動國內物價上漲，形成通貨膨漲），連帶地外資也趕緊撤逃。印尼、馬來西亞、韓國、泰國、菲律賓的私人資本淨流入，從1996年的938億美元，在1998年轉眼變成淨流出246億美元，光是私人資本這一項的資金逆轉就超過1000億美元。因此破產或停業的泰國企業超過萬家，失業人數270萬人左右；印尼的情況也很慘，失業人數高達2000萬人。亞洲風暴的成因是受到國際炒家的襲擊而起，加上市場普遍的預期心理，因而造成資金大逃離；如此雙重加乘效果，才會引爆股匯市大崩盤，這些東南亞國家的經濟也才因而大幅度地衰退。

Ⓠ 所以，除了預期心理之外，熱錢的蓄意做多或是蓄

意放空某國的貨幣，也會引發貨幣升值或是貶值囉？

Ⓐ 一般說來，的確是如此。所以，各國央行對於熱錢的流動是十分留意的，尤其在亞洲金融風暴之後，更是格外小心。

Ⓠ 什麼是熱錢呢？

Ⓐ 熱錢（Hot Money／Refugee Capital），又稱作「游資」、「國際炒家」或是「投機性短期資本」。它是國際金融市場中，一股在短期之內以最低風險追求最高報酬，並在國際之間迅速流動的投機資金。簡單來說，當投資者預期 A 國貨幣價格即將下跌，他先出售 A 國貨幣的遠期外匯，如此一來，等到未來 A 國貨幣果真貶值時，他就可以用較低的即期外匯價格買進回補，藉此賺到匯兌價差。在外匯市場中，熱錢時常鎖定有貶值傾向的貨幣，大量放空，此舉也提高該國匯市的不正常波動，各國政府無不嚴加防範並採取因應措施；通常不是選擇讓該國貨幣升值，就是讓匯率大幅波動、實施外匯管制措施等，以收遏阻之效。

熱錢是國際金融市場中的投機性資本

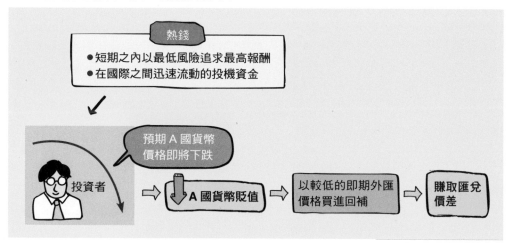

重點 熱錢常鎖定有貶值傾向的貨幣，看準機會、大量放空。這樣的做法會使該國的匯市容易有不正常波動，連帶影響該國的經濟，難怪各國政府無不嚴加防範。

Q 哪些情況會成為熱錢鎖定的目標，導致貨幣大幅貶值或是大幅升值？

A 全球大約有 7 萬億美元的流動國際資本，一旦有哪個國家或是地區被視為有利可圖，這些熱錢馬上會炒作該國或地區的貨幣，藉此在短期內獲取暴利。熱錢通常會存在五個地方：銀行體系、借貸市場、股票市場、房地產市場以及商品市場。

我們先針對外匯市場交易的部分說明。有時，某些國家為了吸引外資錢進該國，一方面藉著維持固定利率，同時又除去貿易壁壘、擴大貿易自由，這時，若有不當的外匯政策，就會讓國際炒家有了炒作的機會——

易成為熱錢鎖定目標的情形

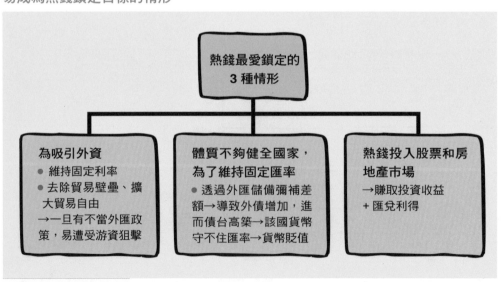

熱錢最愛鎖定的
3 種情形

為吸引外資
● 維持固定利率
● 去除貿易壁壘、擴大貿易自由
→一旦有不當外匯政策，易遭受游資狙擊

體質不夠健全國家，為了維持固定匯率
● 透過外匯儲備彌補差額→導致外債增加，進而債台高築→該國貨幣守不住匯率→貨幣貶值

熱錢投入股票和房地產市場
→賺取投資收益
＋匯兌利得

泰國就是因為如此才會被游資襲擊，成為亞洲金融風暴的第一個受害國。此外，某些體質不夠健全的國家，為了維持固定匯率，只能透過外匯儲備來彌補其間差額，其後果卻是導致外債增加，進而債臺高築，最後連外匯儲備也不夠用，甚至變成負數。想當然耳，該國貨幣終究守不住固定匯率，進而貶值——甚至大幅度的貶值也是遲早的事。

如果再加上錢進股票和房地產市場，熱錢更有機會獲得更大的資金效益。以美元和人民幣為例，如果預期人民幣兌美元會升值，於是大量熱錢流進中國，投資中國的房地產市場，假設年平均收益率是 13%，美元的資金成本為 1%。倘若美元兌人民真的貶值，而且貶幅高達 10%，熱錢得到的將不只是房地產的年收益率 13% 而已，而是 13% + 10%（匯兌利得）再扣除美元資金成本 1%。如此一來，「熱錢」錢進人民幣可以一口氣賺到 22% 的利潤。

Q 臺灣是淺碟型的國家，央行對於熱錢是不是也繃緊神經？

A 是的。2009 年國際美元走弱，高達 5000 億新臺幣的外資大舉湧入臺灣，新臺幣匯率因而急升，新臺幣兌美元的價位一度升破 32 元新臺幣（原來 35 元新臺幣）。由於這批 5000 億新臺幣的資金湧入臺灣，卻沒有參與股票市場，也沒有投入房地產市場，只停留在活期存款帳戶，等著新臺幣繼續升值，導致金融體系的活期存款從正常水準 1000 億元跳升至近 3000 億元，因此被央行視為有炒匯的動機。於是，時任央行總裁彭淮南罕見地大動作向外資提供三條近期關於聯合國、七大工業國聯手趕熱錢的「參考訊息」，要炒匯的外資「皮繃緊一點」。這三條書面訊息被市場人士叫做「彭三條」，明白地向

觀念速解

外匯儲備

又稱為「外匯存底」。是指一個國家的中央銀行所持有並可隨時兌換他國貨幣的資產（外匯積累）。各國都會保有一定數量的外匯儲備，以因應緊急時穩定、控制匯率之用，同時也因應平時國內人民的外匯需求。

熱錢宣戰。

套利交易有賺頭，最易加速貨幣升值或貶值

Q 利差交易會吸引熱錢，一般的投資民眾不也是如此嗎？

A 只要有套利空間的國家或是地區，不論是國際熱錢或是一般投資大眾的閒錢，的確都會聞風而至，因此利率較高的國家或是地區，很容易成為這些熱錢、閒錢的投資首選；只要大量資金湧入，該國貨幣立即升值。日本的渡邊太太們，在 2008 年上半年讓澳幣狂升（日圓貶值），在同年（2008）下半年贖回大量澳幣班師回日本，又造成澳幣狂貶（日圓升值），就是最好的例子。

在臺灣的股票市場有一群散戶的影響力很大——就是家庭主婦。這些太太們一早送小孩上學，然後去市場買菜，買完菜，挽著菜籃子再進號子裡大展身手，將省吃儉用下來的錢拿去投資股票，希望可以多滾一點錢當家用、當私房錢，大家戲稱她們叫做「菜籃族」。場景換到日本，日本也有菜籃族；但是日本多年來經濟不景氣，利率極低，股市又差，於是她們把錢存往利率比較高的外幣市場。而過去這幾年積極參與日本匯市的媽媽們就被大家俗稱「渡邊太太」（因為「渡邊」是日本的大姓，就好比臺灣的陳、林、李等大姓一樣）。

渡邊太太賺錢法：利差交易

這些「渡邊太太」怎麼賺錢呢？其實很簡單。假設 A 國和 B 國的利率原本都是 6%，但是 B 國經濟變差了，為了救經濟，B 國降息了，B 國的利率變低（假設變成 1%，甚至趨近於 0），那麼把錢存放在 B 國，顯然利息變少了，甚至沒有利息，因此 B 國有錢的民眾就不再把

利差交易

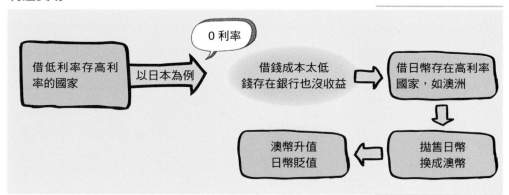

錢存放 B 國了，而會想辦法把錢匯到 A 國，改在 A 國
存款享受更高的利息，A 國的幣值就因此而升值了，B
國的貨幣因為不受青睞，也就貶值了。更積極的人甚至
會從 B 國的銀行借錢，再把錢匯存到 A 國。如果這時
候的 B 國是指日本，A 國是澳洲，那麼「渡邊太太」因
為日本長期處於極低利率的環境，就把錢換成澳幣，匯

利差和匯率的關連

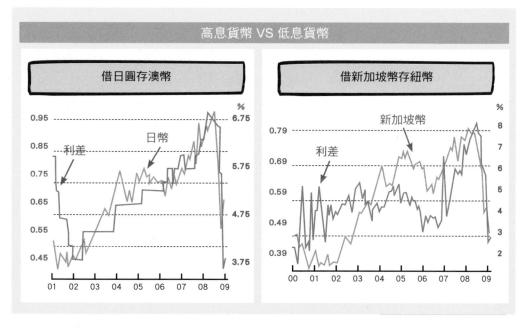

到澳洲去存放，等於同時賺到匯差和利息。

Ⓠ 日本不是也實施量化寬鬆政策嗎？這樣對貨幣有什麼影響？

Ⓐ 以 2011 年底的匯價來說，渡邊太太們花了 7850 萬日圓換到 100 萬澳幣之後存放。到了 2012 年，這 100 萬澳幣可以兌換 9000 萬日圓，然而渡邊太太們什麼都沒做，因為日圓相對於澳幣是貶值的情況下，投資報酬率竟然高達 15%，獲利超過 1000 萬日圓。難怪渡邊太太們趨之若鶩，積極要投資外匯市場。

再加上日本央行從 2012 年 12 月開始實施擴大量化寬鬆措施（QE），並且決議提高央行收購資產計畫總額，從 10 兆日圓提高至 76 兆日圓。此舉造成市場預期日圓將貶值，更讓渡邊太太們積極借日圓再投入外幣市場，尤其是同時具備高利息和擁有原物料市場利基的澳洲和紐西蘭，就成了渡邊太太海外的首選標的；也因為渡邊太太大舉外移資金，日幣因而持續貶值也是預料中之事。值得一提的是，雖然中國大陸沒有實施擴大量化寬鬆政策，但是人民幣的利率高，未來有升值之勢，因此也是國際資金關注的焦點。

假設有本事的外資流入中國大陸境內，兌換成人民幣存在銀行裡，目前人民幣一年期的利率大約為 4%，而美國聯邦基金利率為 2%。市場認為，人民幣估計在未來一年內將升值 10%，於是在不考慮交易成本的情況下，把錢存在中國大陸會比存在美國更好，因為一年可以賺上 12%。由此可見，不只是投機資本，連日本的渡

邊太太都難敵套匯和套利的雙重魅力。

Q 除了高利率之外，炒作原物料商品也是國際熱錢慣用的方式，對不對？

A 一般的國際熱錢都會去投資原物料市場和黃金市場，藉以提高報酬率，最不濟也還可以保值。自 2008年金融海嘯之後，美國一直在降息，因此熱錢就流向利息比較高或是生產原物料的國家，例如新興市場和擁有原物料市場的國家。簡單來說，「黃小玉」——黃豆、小麥、玉米，還有咖啡、可可、糖、棉花等等，這些農作物是天天要吃的、要用的，而石油、鐵礦砂也是天天要用的，所以，原物料是有實質需求支撐，因此有生產這些農作物的產地，例如澳洲、紐西蘭、印尼、巴西這些國家貨幣的行情，因為受到國際熱錢的追捧，自然水漲船高。

　　觀察原物料趨勢的走勢要注意一些情況，例如美元走弱時，通常以美元計價的原物料市場會跟著走高；還有全世界的景氣持續復甦，對於原物料的需求也會較為殷切。受到熱錢和一般投資大眾的青睞，這些原物料生產國的貨幣，當然也會跟著升值了。

原物料市場走強四大因素

1 美元走弱。	**3** 預期通貨膨脹。
2 石油因為求過於供，而且開採昂貴，油價居高不下。	**4** 天候不佳或異常，影響原物料生產，或運送物資的代價變高。

新手必認識的主要國家貨幣

世界各國主要外匯存底的存放幣別，包括美元、歐元、日圓、瑞士法郎、英鎊等，其中又以美元的比例最高。紐幣、澳幣和加幣原本不是各國官方外匯儲備貨幣，但因為流動性愈來愈高，因此，從 2013 年第三季之後，被列入 IMF 儲備貨幣名單之中。

- 外幣存底五大主要貨幣
- 主要貨幣的概述

【主要貨幣：美元 🇺🇸】
各國普遍持有美元國債，美元倒不了

Q 美國不斷實施量化寬鬆政策，為什麼美元不會重貶？

A 從 2008 年以來，美國雖然採取四次量化寬鬆政策救市，還大量印製鈔票、對外債台高築，但此時的美元走勢其實與美國衰頹的經濟無關，主要原因在於，全球以美元為交易、清算、計價工具的歷史久矣，一時之間尚無其他貨幣可以替代。

🎒 美元不會重貶的 3 個理由

我們從 2008 年金融海嘯發生以後的局勢來看，可以得出為何美元不會重貶的理由：

① 各國央行比賽降息，更在匯市積極公開市場操作救出口

各國央行為了拯救本國的出口產業，會試圖讓本國國幣趨向貶值（相對於美元），這樣就會造成投機客或投資客傾向在匯市上買進美元，同時拋售本國貨幣，讓

本國貨幣貶值，以增加出口競爭力。試問：有誰撐住美元的力量，會比一國的央行更大？更何況，是全球大多數各國的央行在同一段時間近乎「聯手」地要撐住美元。於是乎，美元就算要重貶也難。

② 美國企業將資金匯回美國，支撐美元

美國跨國企業面臨金融海嘯所產生的經濟衰退，也跟著搖搖欲墜，於是紛紛裁撤、變賣海外資產，將資金匯回美國，以求保全其美國總公司。此舉等於賣出外國貨幣、買進美元，然後在同一段期間匯回美國。試問：有什麼收買美元的力量，可以大過美國為數眾多的跨國企業？

③ 各國金融體系仍購買美元以避險

美國的金融體系雖然遭到打擊，但是歐洲和其他一些工業國家的金融體系也遭遇同樣的難題，在大家都不好的時候，人們會發現，美元相對其他貨幣來說顯得更加安全；於是，眾人在亂世之中紛紛改為持有美元，以降低可能的損失。所以，世界各國的金融體，不但不會想要拋售美元，反而想盡辦法要得到更多的美元以規避風險。而這股龐大的力量，自然也護住美元、使它不至於重挫。

Q 所以，美元不會倒的原因，在於世界各國都持有龐大的美元資產，對不對？

A 是的。美元之所以在逆境中還能夠維持世界對它的高度需求，保有全球高度的影響力，沒有出現「眾叛親離」的局面，主要原因是美國在全球國防安全、經濟、外交等面向，向來是龍頭老大；甚至在軟性的文化方面，其影響力既深且遠。你可以看看好萊塢的片子暢行全

球、美式食品連鎖業（像是麥當勞、星巴克等）也攻占全世界各地，就可以知道全球對於美國的依賴程度之深了。而這種不知不覺的潛移默化，對於各國政府和個人的投資決定，無形中也發揮相當的影響力。

💰 為什麼大多數的經濟體不選擇和美元脫鉤？

因此，投資美國、跟美元掛鉤，不只是一個經濟決定；在這個決定背後，還有安全、外交和文化等因素的考量。試想，全球大多數的經濟體，在政治、經濟和區域的安定上都嚴重地依賴美國，怎麼可能，因為金融海嘯的緣故，短時間內就立即宣布自己的貨幣跟美元脫鉤呢？

再從外匯存底來看，金融海嘯後，美元在全球各國外匯存底資產配置當中，平均占比高達 62.5%（金融海嘯之前的幾年，甚至高達七成）。最近的東南亞國協加三（中日韓）的外匯市場規模，在海嘯後的幾年約為 7200 億美元，這其中，美元占比超過歐元 4 倍多，超過日圓也有兩倍半（畢竟日本在東南亞的影響力仍較歐元區經濟體大）。根據 2017 年 11 月的外匯存底數字顯示，全球前五大外匯存底國：中國、日本、瑞士、沙烏地阿拉伯以及臺灣，所持有的美元都超過六成以上。尤其美國國債、機構債券和企業債券都是各國所青睞的標的物。

重點 各國外匯存底資產配置中，美元還是占很高的比例。

外匯存底			
排名	國家	外匯存底（百萬美元）	資料時間
1	中國	31092.1	2017/10
2	日本	12,362	2017/02
	歐元區	8,820	2013/02
3	瑞士	6,473	2016/09
4	沙烏地阿拉伯	5007.09	2017/06
5	臺灣	4,504.69	2017/11
6	香港	4,192	2017/09
7	俄羅斯	3,982	2016/08
8	韓國	3,753	2017/03
9	印度	3,671	2016/10
10	巴西	3,622	2016/04
11	新加坡	2,522	2016/08
12	墨西哥	1,871	2015/08
13	德國	1,814	2015/09
14	阿爾及利亞	1,599	2015/03
15	泰國	1,558	2015/08
16	英國	1,538	2015/06
17	法國	1,416	2015/06
18	義大利	1,398	2015/06
19	伊朗 [2]	1,250	2014/12
20	美國	1,209	2015/09
21	印尼	1,115	2015/03
22	伊朗	1,100	2014/12
23	波蘭	1,058	2012/09
24	馬來西亞	945	2015/08
25	丹麥	899	2012/09
26	菲律賓	821	2012/09
27	以色列	756	2012/08
28	利比亞	720	2011/12
29	加拿大	681	2012/11
30	祕魯	612	2012/10

資料來源：StockQ（http://www.stockq.org/economy/reserve.ph）

美國讓美元貶值，金融帳增加也減輕國債

Q 既然美元如此搶手，為什麼美元仍然會貶值呢？

A 美元貶值現象成為近期國際市場關注的一大焦點。自2009年以來，美元仍然出現貶值的現象，甚至於反映美元對其他國家主要貨幣比價的「美元指數」，還曾經觸及近一年來的最低點。回頭看，在2009年3月8日，韓國、印尼和泰國等國的中央銀行甚至出手干預外匯市場，防止本國貨幣對美元升值過快、過高。原因是什麼？如果單從供給 VS 需求的關係來看，美元在外匯市場上的貶值，主要是因為供過於求：

貶值原因 1　原物料國家的利率較高，投資者減持美元

以原物料生產為主的國家，在金融海嘯後，率先復甦並且開始升息。例如澳洲就在2009年3月6日宣布升息後，吸引國際間的投資熱錢前往澳洲。國際投資者於是開始調整投資組合，減持美元相關資產，增持歐元、日圓，甚至於像澳幣和加幣等商品貨幣或資產。

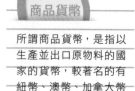

觀念速解

商品貨幣

所謂商品貨幣，是指以生產並出口原物料的國家的貨幣，較著名的有紐幣、澳幣、加拿大幣等。

商品貨幣因升息而吸引國際資金

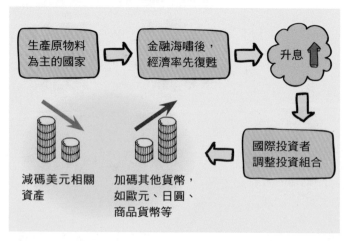

貶值原因 2   美國高財政赤字，使得投資者對美元的信心不足

長期來看，美國的整體經濟狀況也是影響美元走勢的因素之一；尤其是美國就業與債務的改善情況。最近，美國總統川普的減稅計畫，恐將進一步增加美國的財政負擔。美國的債務一旦失控，美元將難以避免地會貶值，而當投資者對美元的信心不足，自然也會不想持有美元了。

貶值原因 3   為了刺激經濟，挽救美國出口企業

為因應金融海嘯和經濟衰退，美國聯邦準備理事會自 2008 年 12 月分以來，逐次地將聯邦基金利率降至接近零的水平，並透過各種方式向市場注入流動資金，以穩定金融市場，刺激經濟復甦。而市場流動的美元數量一多，自然讓美元有貶值的壓力。近期美國開始的收縮表計畫成果如何仍待觀察。

因資金大量注入市場，美元有貶值壓力

向市場注入流動資金 → 美元需求大於供給→美元有貶值壓力

貶值原因 4   美元貶值可以減輕美國的國債負擔

美國自 2008 年以後，發行了多次的公債向各國告貸、換取資金，同時也把流通在外的美元換回美國國內使用；如此一來，美國等於是印公債換美鈔。但是借來的錢總是要還。美國的公債既然是以美元計價，因此，

美元只要貶值，要還的錢相對就變少了。此外，當美元變便宜，世界各國的有錢人就想來美國投資，這時候，美元又不斷地湧回美國境內，資金回流的結果，讓美元供給變多，使得美國境內的資金利率下降，發行公債的成本又可以隨之下降。當然世界各國也不會坐視美元貶值貶過頭，以免借出去的錢大打折扣；因此，各國也會想方設法，讓自己國家的貨幣和美元保持適當的兌換比率。這也難怪美國敢不斷實施量化寬鬆政策、印鈔票，而不會導致國家破產的原因（因為不管印多少，都會有人要、有人願意埋單）。

為什麼美國敢實施量化寬鬆政策，不斷印鈔票

各國避免借出資金大打折扣，讓國內貨幣與美元保持適當匯率

美國印公債換美鈔→實施量化寬鬆政策

發行公債成本降低

美國公債以美元計價，美元貶值，還的錢會變少

美元供給變多，美國境內資金利率下降

美元變便宜，各國投資人投資美國，美元回流

貶值原因 5　避免利潤縮水，原物料價格走揚

　　由於眾多大宗商品的交易都是以美元計價，因此，當美元貶值時，如果照原來的報價，利潤將會跟著縮水。

原物料生產國為了維持原來的利潤，於是就會把價格提高，以彌補利潤缺口。這也是為什麼當美元一貶值，國際原物料價格就會隨之上漲的主要原因。

影響美元走勢的美國機構，不可不知

Q 美國有哪些機構或部門，會影響美元的走勢？

A 有幾個機構的決策，會影響美元走勢：

1 美國聯邦準備系統

其架構包含私有與政府控制的部門，可以分成三個部分來說明：會員銀行、聯邦準備銀行以及聯邦準備理事會。

系統 1 會員銀行

「會員銀行」為該架構的最底層，包括一般的商業銀行。所謂的「會員」是指加入聯邦準備系統的成員。根據法律規定，美國全國性的商業銀行都必須加入該系統，取得會員資格後即成為該地區聯邦準備銀行的股東。這些商業銀行可選出六至九名董事，但這些董事的權限僅限於聯邦準備銀行的日常業務。

認識會員銀行

美國全國性的商業銀行都必須加入 ➡ 會員銀行 ➡ 成為該地區聯邦準備銀行的股東
可選出 6～9 名董事
→權限限於聯邦準備銀行的日常業務

　　「聯邦準備銀行」主要是執行貨幣政策，也就是一般人所熟知的公開市場操作——藉由買賣政府公債來影響貨幣供給量，而這些買賣操作都要先經過聯邦準備理事會的許可。

認識聯邦銀行準備銀行

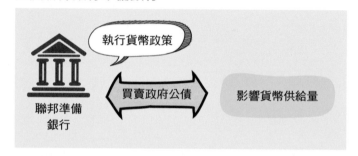

系統 3　聯邦準備理事會

　　「聯邦準備理事會」（即 Fed，簡稱聯準會）好比是美國的中央銀行，由該機構決定貨幣政策的走向。聯準會的成員由總統選出並經國會認可。美國的中央銀行可以稱是私有的，但它卻受到政府的控制。

❷ 美國財政部

　　該部門負責發行美國政府債券以及制訂財政預算。美國財政部對於貨幣政策沒有發言權，但其對於美元的評論，卻會對美元匯率產生較大影響。

　　其它包括一些總體經濟指標的好壞、利率高低、美國股市以及美元指數的強弱，都會對美元的升貶值產生影響。

影響美元的基本面因素

影響因素	影響原因及意義
1. 聯邦基金利率	聯邦基金利率即美國各家銀行間的同業拆款利率,代表的是短期市場利率的水準。聯準會為了達到既定的貨幣政策目標,會先設定一個利率的目標值,讓資金供給者與需求者可以有個標竿值作為參考;同時也期望市場上的成交價格(即實際利率),能符合聯準會所認同的合理價格(即目標利率)。若聯準會發現實際利率與目標利率偏離過大,便會透過公開市場操作來達到干預的效果。這時候美元在供給與需求之間的消長,就會影響到美元的升貶。
2. 重貼現率	是指商業銀行持有合格票據向聯準會貸款的利率。重貼現率一般小於聯邦基金利率。
3. 30 年期國庫券	又稱為長期債券,是市場衡量通貨膨脹緩急情況最為重要的指標。因為較高的通貨膨脹率,會導致債券價格下跌,連帶地會使得美元承受貶值的壓力。
4. 經濟指標	會影響美元升貶的重要經濟指標,例如:消費者物價指數(CPI)、生產者物價指數(PPI)、新屋開工率、工業生產指數、非農就業人數等。當這些指標轉強,代表美國經濟轉趨復甦,會帶動美元上漲。此外,新興市場國家出現金融或政治動盪,也會推高美元資產價格,因為此時美元資產,被當作是一種避險工具,而間接提高美元匯價。
5. 美國股市	美國股市中最主要的三種股票指數為:美國道瓊工業平均指數、標準普爾 500 指數和納斯達克綜合指數。而道瓊工業平均指數的影響最大,其與美元匯率表現出高度的正相關性。
6. 美元指數	美元指數(US Dollar Index,USDX)是透過平均美元對六種國際主要外幣(歐元、日圓、英鎊、加拿大幣、瑞典克朗、瑞士法郎)的匯率所得出,其中歐元的權重最大,超過 50%。這個指數可以綜合反映出美元在國際外匯市場的變化情況。 當美元指數上漲,表示美元與其他貨幣的比價上漲,代表美元升值。然而因為國際間主要的商品都是以美元計價,因此,所對應的商品價格,反倒應該是下跌的。

Q 剛剛有提到美元和原物料價格呈現相反走勢？那麼，金價和油價的走勢又和美元呈現怎樣的關係呢？

A 如同原物料一樣，黃金和石油的價格也都以美元計價；因此，通常美元和黃金價格，以及美元和石油的價格，會呈現相反的走勢。美元貶值或美國降息時，美國人民會選擇轉投資商品——例如貴金屬來保值，於是貴金屬價格（例如黃金）就會因為需求增加而上漲。至於石油是因為可以廣泛運用在各行各業，因此一旦油價上漲，相關的商品也會跟著漲價，當漲幅超過一定的比率，就會形成通貨膨脹。通貨膨脹意味著貨幣購買力下降，就是貨幣貶值；這時候投資人會趕快把錢拿去購買黃金這一類可以保值的貴金屬。因此，當油價上漲時，黃金也會跟著上漲；而黃金既然和美元走勢呈反比，那麼油價也和美元呈現相反的走勢了。

【主要貨幣：歐元 】
相對財務狀況，歐元漲跌重要因素

Q 歐元區有哪些成員國？

A 歐元是歐盟中 19 個國家的共通貨幣，這 19 國是：奧地利、比利時、芬蘭、法國、德國、希臘、愛爾蘭、義大利、盧森堡、荷蘭、葡萄牙、斯洛伐尼亞、西班牙、馬爾他、賽普勒斯、斯洛伐克、愛沙尼亞、拉脫維亞、立陶宛，合稱歐元區，目前有超過 3 億人口使用歐元。歐元在 1999 年上市之初，1 歐元兌換不到 1 美元，直到 2002 年，歐元兌美元才有 1：1 的水準。到了 2002 年底，1 歐元可兌換達 1.04 美元，隨後一直攀升，到了 2008 年 4 月 22 日及 7 月 15 日，歐元達到兩次歷史新高，1 歐元可兌換 1.60 美元。但金融海嘯席捲全球後，戳破了歐元區美麗的表相，進而引爆歐債危機。

　　歐債危機第一個倒下的是希臘。希臘本身的經濟條件並不算好，為了維持國民的高社會福利水準，借了龐大的外債，並且一再地利用借新債還舊債的方式，維持入不敷出的政府運作。當國際經濟形勢不佳，歐元區經濟跟著每況愈下，面對債務到期卻無力還債的希臘，立刻陷入危機。另外，當時被視為榮景之區的義大利和西班牙，因為房地產價格過分高估，從 1999 年到 2007 年間，房價竟然整整翻漲一倍。而西班牙房地產開發商的借貸總額還高達 5000 億歐元，幾乎是西班牙年 GDP 的一半。因此，當金融風暴一來，西班牙的房地產首先泡沫化，整個國家自此也陷入歐債危機。接著，歐元區體質不好的國家如同骨牌效應一般，因為無力清償國債，倒成一片；其中情況最為嚴重的歐豬五國愈演愈烈，瀕臨拖垮整個歐元區，也使得歐元的匯率價格陷入一片混亂。

觀念速解

歐豬五國

拖垮歐元區經濟體的五個國家，包含葡萄牙（Portugal）、義大利（Italy）、愛爾蘭（Ireland）、希臘（Greece）、西班牙（Spain），各國的第一個字母合起來為：PIIGS，因此被簡稱歐豬五國。

歐元兌美元走勢圖

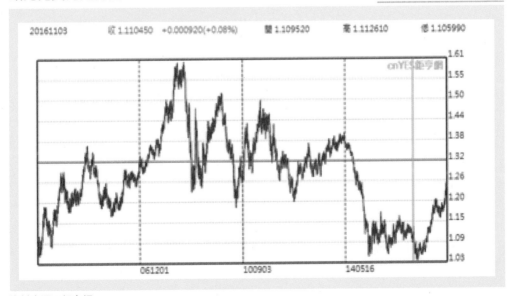

資料來源：鉅亨網

以往歐元之所以被投資人青睞，是因為它是 19 個國家的聯盟，尤其組成分子中的德國、法國、義大利和西班牙向來是工業大國；後來竟然連義大利、西班牙都被歐債危機拖累，世界各國自此開始擔心歐元會因而崩解，挾著資金趕緊外逃，造成歐元區股匯市重挫，一直到最近幾年情況才逐漸好轉。

Q 受到重創的歐元，有哪些因素會影響它的升貶？

A 影響歐元匯率，最主要的因素有四項：

原因①　國際間利差幅度

由於歐元區的國債危機並非短期之內可以解決，再加上歐元區的總體經濟指標，並沒有很顯著地回升（可以觀察歐元區的 PMI 指數是否連續幾季的超過 50），市場預期歐洲央行（ECB）將利率維持在低檔，會有很長一段時間；因此，跟其他國家間的利差，有可能逐漸加大，這將對歐元的走勢不利。

原因②　貿易和非貿易商品的相對價格

其次，是歐元區若要提高出口值，勢必得要維持弱勢歐元的局面。

原因③　原油、貴重金屬和其他原物料商品價格

再者，當原油價格因為經濟（例如景氣復甦力道較強，增加用油需求）、或非經濟性因素（例如 2013 年的埃及、敘利亞動亂）而提高，也會提高歐元區的企業成本、降低盈餘；如此也將不利歐元的走勢。最後是歐元區各國中，如果再有出現國債危機，勢必也會拖累歐元。

觀念速解

PMI 指數

採購經理人指數（Purchase Management Index）為領先指標中用來「衡量一國製造業榮枯」的一項重要指標。

通常 PMI 指數以百分比來呈現，以 50 作為判斷經濟強弱的分界點。當指數高於 50 時，意味著經濟擴張的訊號；指數低於 50，尤其非常接近 40 時，則有經濟蕭條的憂慮。

原因④　與他國相對財政狀況

2008 年以來，歐洲央行持續性的寬鬆貨幣政策雖然暫時減少了各國政府在財政結構上改革的壓力，也緩解了高負債國民眾對於實施緊縮性財政政策的不滿情緒，但對於延續已數年的債務危機，這種降低高負債國融資成本的政策，好比飲鴆止渴；長久下去，將導致重債國外部債務持續地擴張，可能為歐元區經濟埋下更大隱憂。因此，當市場對 ECB 降息的預期續存時，將會是壓抑歐元的主要因素。

【主要貨幣：日圓 ● 】
日圓狂貶救出口，恐引發貨幣競貶大戰

Ｑ 日本既有失落的廿年，也同時擁有高額的外匯存底，那麼影響日圓表現的原因是什麼？

Ａ 雖說日本有失落的廿年，但那是因為日本自己和自己比；其實日本和其他國家相較之下，還算是有不錯的表現。不過，日本之所以會有「失落的廿年」仍有其自身結構性的因素；這其中，有幾項重要的原因會影響日圓的表現：

原因①　現有勞動力的不足，嚴重壓抑日本 GDP 成長

日本的失業率一直保持在較低的水準，而且大多都是屬於結構性失業；因此，即使利用財政措施提高勞動參與率，其成果也相當有限。雖然近年來，日本的工資也近乎凍漲，但勞動力成本在全球各國間，仍是處於高位，使得日本產業為撙節成本，也持續外移，而有空洞化的疑慮。再者，在老年化人口占比愈來愈高的趨勢之下，也使得勞動力人口比率節節下降，壓抑 GDP 成長，進一步地也會壓抑日圓的表現。

原因② 家庭部門儲蓄率急速下降

人口老齡化加速日本本土產業的空洞化，同時間，家庭部門的儲蓄率也急劇下降。在上世紀 90 年代前，日本家庭部門的儲蓄率一直維持在 15% 的水準之上，這也讓日本成為世界上最大的淨儲蓄國之一，並提供了政府部門巨額財政赤字的資金來源。然而在 1997 年亞洲金融風暴之後，日本家庭部門的淨儲蓄水準一路下滑，到 2013 年已是 -1.3%。這種情形最終會演變成資金不足的窘境。

原因③ 儲蓄率下降＋產業空洞化＝缺乏投資資金

日本從資產泡沫破滅的 1991 年開始算，到最近，總儲蓄水準占 GDP 比重一共下降超過一成，同期投資占比更下降逾 15%。儘管央行印刷大量鈔票，結果卻被民眾用來換成利率較高的國外貨幣、進行套利交易，而不是進入實體經濟中，結果對於日本經濟毫無助益。

總結來說，日本因為人口老齡化，導致內需下降以至飽和，財政負擔提高，卻也因為民主國家常見的預算限制，而無法進行進一步地財政擴張以拉抬經濟。另外，儘管日本早於美國推動量化寬鬆政策，但寬鬆的貨幣政策，依舊無法治癒通縮的預期；就連刻意地讓日圓升值，也無法產生足夠的通貨膨脹率來減輕國家債務負擔。於是，日本出現了所謂的「失落的廿年」。

Q 為什麼日本經濟往下走，可是日圓卻不斷升值呢？

A 雖然日本國內經濟不振，但是日本出口企業的能力和實力，在國際上依舊是頂尖的。品質優良的日本貨到了國外，即使在日圓幣升值之下，依然保有競爭力，讓日本維持貿易順差。更何況日本央行刻意放手讓日圓貶

值,更讓日本出口企業的營收加分。在持續性保有貿易順差的國家中,貨幣升值是必然的結果,若不是日本央行刻意讓日圓走貶,日圓可能還在升值當中。

為什麼日圓不斷升值

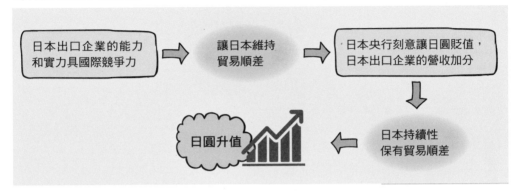

Q 如果日圓不斷貶值,又會帶來什麼影響?

A 當日圓跌破 1 美元兌 100 日圓大關後,貿易對手國如臺灣和南韓全都屏息以待。因為日圓劇貶將會引爆區

日圓貶值帶來的影響

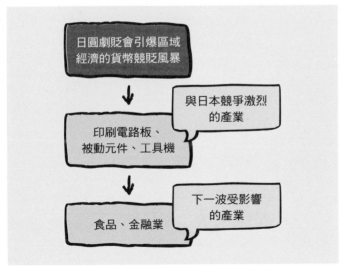

觀念速解

質化寬鬆

是指在購買長期債券的
同時,賣出短期債券,
改變持有債券的結構和
到期時間,試圖降低金
融市場上未來的資金
(遠期、長期)利率。這
種作法,就是前幾年美
國實施的「扭轉操作」
(operation twist)。

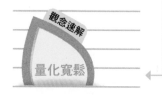

觀念速解

量化寬鬆

是央行直接購買債券
(不分期限),以增加
金融市場上的現金數
量,藉以壓低目前的資
金(即期、短期)利率。

域經濟的貨幣競貶風暴。在產業方面,例如印刷電路板、
被動元件、工具機等與日本競爭激烈的產業,會最早受
到衝擊;至於食品和金融業,將會是下一波受累的產業。

(Q) 如果要關心日圓的走勢,要注意什麼?

(A) 首先,日本之前所推行的「質化和量化」貨幣寬鬆
政策,是影響匯率的重要因素。它所採取的措施,包括
央行對日本公債購買量提高到每年 50 萬億日圓(5300
億美元)、突破之前的三年限制購買更長天期的債券、
增加市場 ETF 和房地投資基金的購買金額等。

　　具體來說,日本央行宣布將購買到期期限最長為 7
年的公債,最長期限為 40 年期的公債也適合放入購債
計畫。打算每年增購 1 萬億日圓的 ETF,每年增購 300
億日圓房地產信託等。將政策目標改為加強貨幣寬鬆。
日本央行甚至還說,為了達到 2% 通膨率目標的需要,
日本央行將繼續穩步實施量化貨幣寬鬆政策。

美元兌日圓走勢圖

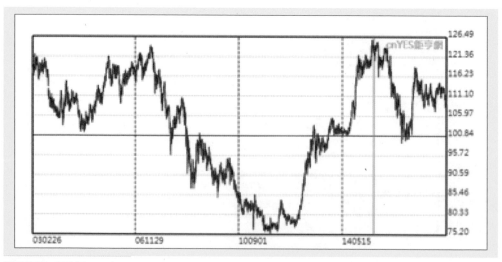

資料來源:鉅亨網

　　此外，日本還拉攏東南亞國協，希望他們把日圓當作是區域貨幣清算的幣別之一。還有日本的 GDP、失業率、貿易餘額、核心機械訂單、央行利率決議等等，這些對於日圓的走勢也都具有影響力。

【主要貨幣：英鎊 🇬🇧】
工業大國英國，靠工業出口維持英鎊地位

Ｑ 英鎊在國際上有什麼重要的地位嗎？

Ａ 由於英國曾經號稱是日不落國，全盛時期的英鎊是全球主要外匯儲備貨幣；但是經歷兩次世界大戰之後，英國國力日漸衰退，英鎊也被美元取而代之。雖然如此，現今英鎊在國際外匯市場上仍有其重要性。看看全球外匯交易量仍有近 35％在英國的倫敦金融中心交易；而美國紐約交易中心則是屈居第二，占 18％；第三名的日本僅有 6％。因此，我們常聽到的國際拆款利率，其實就是以 3 個月到 6 個月的 LIBOR（London Interbank Offered Rate）為基礎，指的就是倫敦的同業拆款利率。

全球外匯交易量排名，英國占第一

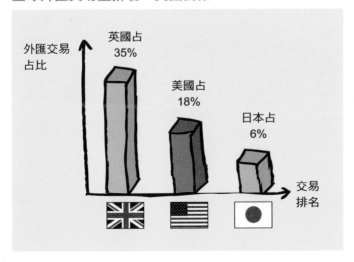

英國曾是工業製造強國，但在工業衰落了 30 年之後，目前製造業僅占英國 GDP 的 10%，跟金融業不相上下。話雖如此，英國的工業還是很重要，因為英國的出口額有一半來自工業，每年產值高達 1500 億英鎊。即使英國不再是日不落國，但它仍舊是全球製造國的第六名，排在美國、中國、日本、德國和義大利之後。如果要能吸引外資進軍英國，它的製造業仍是歐洲數一數二的優質選項。

Ⓠ 英鎊的走勢又該如何觀察？

Ⓐ 英國雖然是歐盟的成員國，但英國沒有加入歐元區，所以，英國使用英鎊而非歐元。不過，因為脫歐問題，外界對於英國也存有疑慮。對於影響英鎊匯率走勢的因素，有下列幾項：

影響因素① 利率

　　每月第一週，央行會用利率調整來向市場釋放出明確的貨幣政策信號。利率的變化通常會是影響英鎊走勢的最主要原因。當利率調高，通常有助於英鎊升值。

利率如何影響英鎊匯率

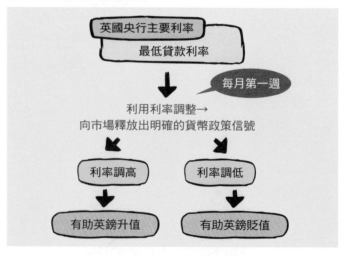

影響因素② 金邊債券

英國政府債券也叫「金邊債券」，十年期金邊債券收益率，與同期其他國家債券或美國國庫券收益率的利差高低，也會影響英鎊和其他國家貨幣的匯率。通常金邊債券的殖利率較高，英鎊會傾向升值。

金邊債券如何影響英鎊匯率

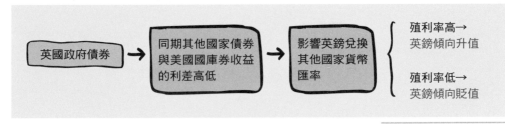

影響因素③ 經濟數據

影響英鎊的主要經濟數據，包括初始失業人數、初始失業率、扣除抵押貸款外的零售物價指數、零售銷售、工業生產、GDP 成長率、採購經理人指數、貨幣供給量、製造業及服務業調查等等。經濟數據轉佳，也有助於英鎊升值。

9 大經濟數據

影響因素④ 金融時報 100 指數

與美國和日本不同的是，英國股票指數對英鎊的影響相對較小。

　　英國自從通過脫歐公投之後，許多棘手的問題懸而未決，根據金融時報的報導，一些具體的貿易條款，甚至要等到 2020 年初才可以開始討論。在這之前，投資人對於英鎊的走勢，將會持續抱持觀望態度。

【主要貨幣：瑞士法郎 🇨🇭】
實施金融保護措施，瑞士法郎為最佳避險貨幣

Q 瑞士是小國，為什麼它在國際匯市扮演重要的避險角色？

A 由於瑞士是中立國，使用的貨幣是瑞士法郎，雖然是小國，但是瑞士政府向來敞開雙手歡迎國際資金，因此有大量的外匯湧入瑞士，瑞士法郎也成為受歡迎的國際清算與交易的貨幣之一。瑞士政府對於金融外匯採取的保護政策，讓瑞士被認為是世界最安全的國家，瑞士法郎也被視為是傳統避險的貨幣之一。

Q 影響瑞士法郎變動的因素有哪些？

A 影響瑞士法郎匯率漲跌最常見的狀況有四：

1 瑞士國家銀行（Swiss National Bank，SNB）的態度

　　瑞士在貨幣政策和匯率政策上有著極大的獨立性，瑞士央行不使用某個特定的貨幣市場利率來主導貨幣狀況，它是採取外匯交換和附買回交易，作為影響貨幣供給量和利率的主要工具。也因為這個外匯交換協議，貨幣流動的高低就成為影響瑞士法郎的主要因素。當瑞士央行想要提高市場的流動性，就會透過賣出瑞士法郎、買入外幣（尤其是美元）的方式來影響匯率。此外，瑞

士央行也會使用一定範圍內的 3 個月期倫敦銀行間拆借
利率（**LIBOR**）作為控制貨幣政策的手段。

2 利率

瑞士國家銀行最常利用「貼現率」的變動來當作
貨幣政策的指標，並藉此影響匯率。另外，3 個月歐
洲瑞士法郎存款（**3-month Euroswissfranc Deposits**）與
3 個月歐洲瑞士法郎存款期貨合約（**3-month Euroswiss
Futures Contract**）利率的利差，也是影響匯率的因素之
一。當這個利差擴大（代表未來利率可能調升），代表
瑞士法朗可能會升值。

3 經濟數據

經濟數據也會影響瑞士法郎的匯率。瑞士最重要的
經濟數據包括：**M2** 貨幣供給量（最廣義的貨幣供給量），
消費者物價指數（**CPI**），失業率，**GDP** 和工業生產指
數等。當以上的經濟數據趨勢轉好，也代表瑞士法朗的
升值態勢明顯。同樣地，當上述的經濟數據的趨勢轉差，
意味著瑞士法郎面臨貶值的壓力。

瑞士央行影響匯率方法

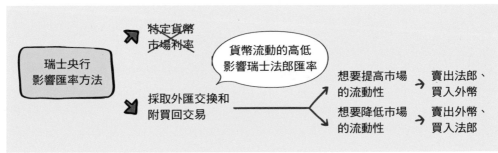

4 交叉匯率

因為瑞士和歐洲經濟的緊密聯繫，所以瑞士法郎和歐元的匯率有著緊密的連動關係：歐元升值時，也會帶動瑞士法郎升值。由於瑞士是一個小國，所以決定瑞士法郎匯率的眾多因素當中，外部因素的影響會更大；而長久以來，市場也將瑞士法郎視為是歐系貨幣，所以當瑞士法郎利率較低的時候，很容易就會像日圓一樣被借貸出來，拿到利率較高的鄰近國家去存款，套取其中的利差。這時候也會加重瑞士法朗的貶勢。

【主要貨幣：紐澳加幣 】
追蹤原物料漲跌，紐幣、澳幣和加幣為先行指標

Q 即將被納入官方儲備貨幣的紐幣、澳幣和加幣，各有什麼特色？

A 如果要追蹤原物料的走勢，紐幣（紐西蘭）、澳幣（澳洲）和加幣（加拿大）就扮演著很重要的先鋒角色。因為這三個國家的經濟命脈主要是以生產並出口原物料為主，因此被通稱為「商品貨幣」；而商品貨幣的走勢，通常會領先原物料期貨行情一、二個月。一般說來，澳幣的走勢可用來觀察礦業、紐幣則可與農產品連結，而加幣則可用來觀察油價的變化。從紐幣、澳幣、加幣兌美元的幣值變化，可以間接推估原物料未來的走勢。此外，還有以下三個變數可供參考：

1 利率

當紐、澳、家這三國的利率處在高檔時，許多投資人為了賺取利差，就會把錢轉存到這些國家；甚至還有可能從低利的國家借款，再轉換成紐幣、澳幣和加幣存

放（這就是 2007 年以前，日本的渡邊太太們借日幣存
澳幣的套利交易模式）。所以，當景氣好（所以對於原
物料的需求較高）、股市走強時，這三個貨幣自然而然
地也會成為強勢貨幣。

2 經濟數據

假設紐西蘭、澳洲的零售數據不佳，代表國內經濟
狀況不好，可能就要面臨貨幣貶值的情況了。因為當經
濟數據不佳，企業利潤就會減少，民眾收入也跟著減少，
政府為了要刺激經濟，通常就會降息；這時候，原本是
大家搶著要的強勢貨幣，會因為利差縮小了（因為降
息），就不一定會再如此搶手了。

3 美元走勢

由於原物料等商品的價格多數是以美元計價，而原
物料的價格走勢會和美元相反；原物料生產國又以紐、
澳和加拿大為首，因此，當美元走強，後三者的國幣就
會走弱；當美元走弱，這三者就會走強。

【主要貨幣：人民幣 】
國家政策實施匯改，人民幣匯率走強主因

Q 人民幣這幾年為什麼持續走強？

A 自 2012 年第三季度以來，美國、歐元區和日本等
國家央行相繼展開前所未有的量化寬鬆政策，因此，歐
元趨貶、日圓持續走跌、美元指數大幅下降，這些都會
間接引起人民幣升值。當中國央行並未跟著調低利率，
而是頻繁地採用逆回購的方式，為市場注入流動性資
金，因而導致中國的基準利率遠高於美國的利率水準。
於是在利差和匯差同時存在的因素之下，為海外的眾多
熱錢創造了更大的套利空間，驅使資金流向中國，推升

人民幣持續升值。另外，人民幣從 2016 年 10 月 1 日起，成為「特別提款權」（SDR）貨幣籃子中的第三大貨幣，人民幣因此逐漸成為國際間主要的投資貨幣，在殷切的需求之下，人民幣也因而逐步升值；尤其當中國的外匯存底持續增加的同時，人民幣升值的壓力也會隨之增加。

Ⓠ 影響人民幣匯率走勢的因素是什麼？

Ⓐ 根據國際清算銀行（BIS）統計，這一、二年人民幣兌美元的實際有效匯率都是下跌的，2016 年累計下跌 5.69%；2017 年累計至 11 月則是下跌 1.18%，隨著隨著中國大陸綜合國力提高，人民幣未來的趨勢會保持相對穩定和強勢。

不過，人民幣升值與否和中國大陸官方的態度有絕對的關係；換句話說，政府政策占了絕大要素。人民幣自 2005 年匯改以來，年年升值，且幾乎每年都有 2% 以上的升值幅度。人民幣升值走勢，代表人民幣自由及國際化是中國長期的戰略目標；只是進展方式是緩步的，最終目的還在於奠定人民幣在國際金融市場的地位。人民幣目前已成為世界的主要貨幣，而且在想促成人民幣成為各國央行主要儲備貨幣的目標下，市場對於人民幣的實質需求可說是源源不絕，因此，人民幣長期升值的趨勢不易改變，只是未來的升值力道是否會減緩，則是要看中國政府的態度了。

重點 ➤ 目前已是官方儲備貨幣的人民幣，隨著中國大陸經濟表現愈來愈好，格外引起關注。未來不排除在中國經濟日益開放之下，成為可以跟美元匹敵的外匯儲備貨幣選項。

⒤Ⓝ🄵🄾 人民幣的匯改

自 2005 年以來，人民幣匯改有三個階段

- 2005 年 7 月 21 日：與美元脫鉤，宣布將實施管理式浮動匯率機制
- 2008 年 7 月 21 日（金融海嘯時期）：重返緊盯美元制度
- 2010 年 6 月 19 日：再度與美元脫鉤，恢復海嘯前的浮動機制

中國實施匯改原因

匯改有助於中國控制通膨和避免資產泡沫化，還有助於國際間的收支平衡。中國政府之所以打算讓人民幣國際化，是因為在 2008 年金融海嘯期間，美元、歐元的積弱不振，直接影響到中國本身巨額的外匯存底，因此體認到，如果能夠使用自己的貨幣在國際貿易間清算交易，將能降低持有美元及歐元的風險。

人民幣匯改原則

改革三原則：主動，可控，漸進
方案設計四原則：基本穩定，彈性可控，打擊投機，風險意識

人民幣兌美元走勢圖

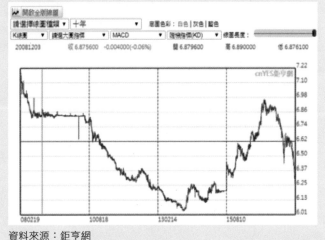

資料來源：鉅亨網

心動也要
行動！

今天是 ＿＿＿ 年 ＿＿ 月 ＿＿ 日

我想投資的項目是 ＿＿＿＿＿＿＿＿＿ ，代號是 ＿＿＿＿＿

想買的原因是：

＿＿＿＿＿＿＿＿＿＿＿＿＿＿＿＿＿＿＿＿＿＿＿＿＿＿＿

＿＿＿＿＿＿＿＿＿＿＿＿＿＿＿＿＿＿＿＿＿＿＿＿＿＿＿

＿＿＿＿＿＿＿＿＿＿＿＿＿＿＿＿＿＿＿＿＿＿＿＿＿＿＿

＿＿＿＿＿＿＿＿＿＿＿＿＿＿＿＿＿＿＿＿＿＿＿＿＿＿＿

＿＿＿＿＿＿＿＿＿＿＿＿＿＿＿＿＿＿＿＿＿＿＿＿＿＿＿

今天是 ＿＿＿ 年 ＿＿ 月 ＿＿ 日

我想投資的項目是 ＿＿＿＿＿＿＿＿＿＿ ，代號是 ＿＿＿＿＿

想買的原因是：

＿＿＿＿＿＿＿＿＿＿＿＿＿＿＿＿＿＿＿＿＿＿＿＿＿＿＿

＿＿＿＿＿＿＿＿＿＿＿＿＿＿＿＿＿＿＿＿＿＿＿＿＿＿＿

＿＿＿＿＿＿＿＿＿＿＿＿＿＿＿＿＿＿＿＿＿＿＿＿＿＿＿

＿＿＿＿＿＿＿＿＿＿＿＿＿＿＿＿＿＿＿＿＿＿＿＿＿＿＿

＿＿＿＿＿＿＿＿＿＿＿＿＿＿＿＿＿＿＿＿＿＿＿＿＿＿＿

＿＿＿＿＿＿＿＿＿＿＿＿＿＿＿＿＿＿＿＿＿＿＿＿＿＿＿

＿＿＿＿＿＿＿＿＿＿＿＿＿＿＿＿＿＿＿＿＿＿＿＿＿＿＿

2 第2天

靠外幣滾錢，你適合哪一種外幣投資工具？

外幣的投資工具非常多，可以分成外幣現貨和外幣期貨兩大類。喜歡保本、累積利息的保守型投資人，可以選擇外幣定存、外幣活存、外幣保單；勇於槓桿操作、以小搏大的積極型投資人，雙元貨幣定期存款、外匯期貨、外匯期貨保證金、外匯選擇權等等，是不錯的選項；還有債券類型的投資標的。每一種商品各有其特色和風險，投資人最好先瞭解商品屬性，才不會血本無歸。

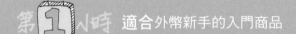

第 1 小時　適合外幣新手的入門商品

第 2 小時　外幣遠期商品

第 3 小時　外幣固定收益商品

第 4 小時　開戶＋費用＋交易時間

適合外幣新手的入門商品：外幣活存／定存／保單／基金

投資新手往往持有資金少、對市場情勢不熟悉、沒時間深入研究，能夠承擔的風險也較低。先弄懂外幣商品的風險與報酬，才能找到適合自己的投資方式。

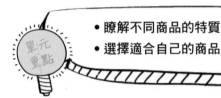

單元重點

- 瞭解不同商品的特質
- 選擇適合自己的商品

【外幣現貨商品1】外幣定存、活存

Q 有沒有適合投資新手的外匯投資方式呢？

A 以新手來說，外幣活存、外幣定存、外幣保單以及外幣基金這四種是風險較低的外匯商品。首先說明外幣活存和定存。投資人只要在臺灣的銀行開了外幣帳戶之後，存入新臺幣，就可以適時地轉換成外幣，至於是美元、日圓、澳幣還是紐幣，投資人可以自行選擇。

適合新手的外匯投資方式

如同新臺幣定存和活存一樣，活存是隨時可以存提領，但是利息比較低；定存則是有時間上的限制，但是利息比較高。外幣定存和活存雖然風險最低，但還是有交易成本：那就是「匯差」和「匯率」。

外幣定存和活存的交易成本：匯差

匯差，就是銀行要賺投資人的部分。假設美元的買入價是 1：30.6570；美元的賣出價 1：30.6797（銀行的牌告價是站在銀行的立場報價的）。如果投資人向銀行買了 1 美元，又同時賣了 1 美元，這時候的匯差就是 0.0227；如果同時買賣 1000 美元，匯差就會變成 22.7 元。交易量愈大的幣別，它的匯差就愈小；交易量愈小、愈冷門的幣別，匯差就愈大。

每家銀行的匯差不盡相同，有的銀行會針對 VIP 客戶或是某些幣種有特殊優惠，又或者像是使用網路銀行交易也有優惠，以上這些都是投資人可以減少匯差的小撇步。

交易時必須考量的交易成本：匯差

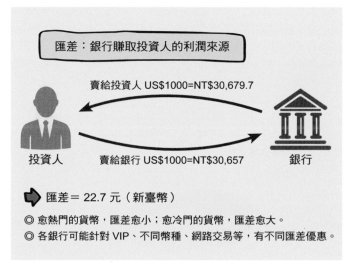

匯差：銀行賺取投資人的利潤來源

賣給投資人 US$1000=NT$30,679.7

投資人　　賣給銀行 US$1000=NT$30,657　　銀行

匯差＝ 22.7 元（新臺幣）

◎ 愈熱門的貨幣，匯差愈小；愈冷門的貨幣，匯差愈大。
◎ 各銀行可能針對 VIP、不同幣種、網路交易等，有不同匯差優惠。

🪙 外幣定存的主要風險：匯率

　　匯率也是外幣定存的主要風險之一。外幣定存和新臺幣定存一樣，固定投資多久，就可以領到多少年息；但如果人在臺灣生活，總是會在期滿後把外幣換回新臺幣，萬一遇到外幣貶值或新臺幣升值，匯率大幅波動的時候，如果再扣除匯差的話，投資人不一定能夠嚐到利息的甜頭。假設美元定存年利率為4%，用3萬元新臺幣以1：30的匯率換成美元，可以換到1000美元，定存一年獲得40美元的利息，但這一年來，美元下跌了3角，再加上銀行的匯差近1角，所以換回新臺幣時，美元兌新臺幣的匯率變成1：29.6，所以只能換回新臺幣30,784元。

　　換句話說，投資人花了一年的時間只賺了新臺幣784元，投資報酬率只有2.6%。雖然投資報酬率比新臺幣定存多，但匯率的波動卻侵蝕投資人獲利的空間，這點是投資人要承擔的風險。

投資外幣定存必須考慮匯率風險

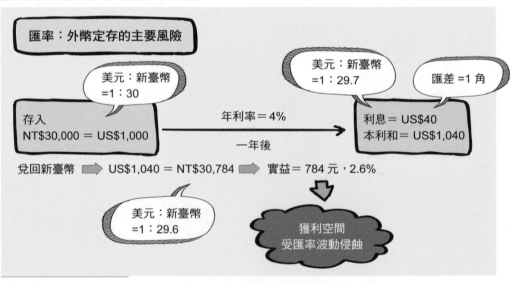

匯率：外幣定存的主要風險

美元：新臺幣
=1：30

美元：新臺幣
=1：29.7

匯差＝1角

存入
NT$30,000＝US$1,000

年利率＝4%

一年後

利息＝US$40
本利和＝US$1,040

兌回新臺幣　US$1,040＝NT$30,784　實益＝784元，2.6%

美元：新臺幣
=1：29.6

獲利空間
受匯率波動侵蝕

【外幣現貨商品 2】外幣保單

(Q) 外幣保單應該風險也比較小吧？

(A) 外幣保單也是常見的投資工具。只不過，投資人要先搞清楚你是要以保險為主，還是以投資為主。因為外幣保單只是把新臺幣費用換成外幣計價。外幣保單畢竟仍有保險的概念，只不過是以外幣繳交保費。如果你買了美元計價的保單，就是用美元繳費，期滿的時候也是領回美元；如果你是買澳幣計價的保單，就是以澳幣繳費，期滿時領回澳幣。

外幣保單有一次繳清的（金管會已經慢慢禁止銷售短年期繳費的保單了），也有年繳、季繳、月繳，但它主要還是以保險為主，因此保費的多寡將隨著年齡的高低有所不同。被保險人的年紀愈大，保費也會愈高。

外幣保單的優點

❶ 利率較高。通常新臺幣保單的預定年利率大約是 2%，外幣保單的利率通常在 4% 上下。

❷ 兼具保險與投資功能。外幣保單本就具有保險的功能，再加上匯率波動，如果投保期間外幣升值，等到了期滿領回時，又多一筆額外的收益。

外幣保單的缺點

❶ 匯兌的損失。萬一投資人現在沒有外幣存款，就必須按時把新臺幣換成美元再存到外幣戶頭，讓銀行去扣款，這時候就要注意匯兌的損益。

❷ 幣別不得更換。外幣保單於投保期間，無法改變保單約定的計價幣別，萬一遇到外幣大貶，又不能更換幣別，恐怕得不償失。

【實例】外幣保單費用受匯率波動影響

假設某外幣保單預定利率為 3.5%，當時匯率為美元兌新臺幣為 1：30，目標金額為 2 萬美元，6 年期滿一次領回。

目標金額	20,000 美元
保單預訂利率	3.50%
繳款年限	6 年
當時匯率	美元：新臺幣＝ 1：30
躉繳型（一次付清）	16270 美元
年繳型	3053 美元
月繳型	255 美元或 7650 元新臺幣

每月分期，以新臺幣金額再換算成美元繳納，美元漲或新臺幣貶，繳納金額愈高。

美元兌新臺幣	新臺幣金額
1：29	7395 元
1：30	7650 元
1：31	7905 元
1：32	8160 元

概念釐清：原本美元：新臺幣＝ 1：30，1 美元可換成 30 元新臺幣。
當美元：新臺幣＝ 1：31
1 美元可換成 31 元新臺幣，美元升值（匯率上升）／新臺幣貶值
當美元：新臺幣＝ 1：29
1 美元可換成 29 元新臺幣，美元貶值 （匯率下跌）／新臺幣升值

【外幣現貨商品 3】外幣基金

Q 外幣計價基金是這幾年很流行的外匯投資工具，它有什麼特色嗎？

A 外幣基金主要有兩種型態，包含「股票型基金」和「債券型基金」兩大類。「股票型基金」主要以投資各國股票為主；「債券型基金」則是以投資各國債券為主；「平衡型基金」則是結合「股票型基金」和「債券型基金」的特點。以國內平衡型基金為例，通常是以「三七原則」來布局。當股市看好時，持股比重最高可達七成、搭配三成債券；而當股市轉空時，經理人會將持股降到

三成，改持有最高七成的債券部位。

外幣基金種類與投資重點

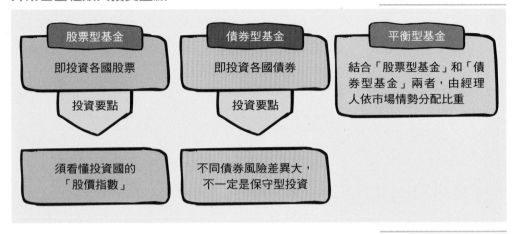

💰 如果你選擇「股票型基金」

選擇「股票型基金」的投資人，首先就要看懂各個國家的「股價指數」，才能知道該國的股票到底是漲是跌，以及漲了多少或跌了多少？以投資美國股票市場為例，投資人至少要看懂道瓊工業指數以及標準普爾 500 指數；如果是產業型基金，或是特定投資某類型產業基金，也可以參考該國該類型產業股價指數的變化，例如美國那斯達克或是費城半導體指數的漲跌趨勢，可以作為投資決策判斷的依據。

💰 如果你選擇「債券型基金」

「債券型基金」債券型基金除了依國家、區域市場而有所區分外，另外也有強調投資於債信風險較高，但藉由高配息來吸引投資人的高收益債券基金。這些不同類型的債券基金報酬表現不同，風險也有很大的差異。簡單來說，不是所有債券基金都一定是屬於保守型的投資。

投資外幣基金應留意的重點

Q 新手想要投資外幣基金，有什麼需要特別注意的地方嗎？

A 在基金的世界裡，每年發行的新基金多不勝數。而發行基金的公司為了吸引投資大眾的青睞，都會以特殊的主題，例如綠能、氣候變遷、人口紅利、金磚四國等話題來包裝。但事實上，如果投資人在市場的熱頭上進場，很少有不慘遭「高檔套牢」的。

因此，正確的做法應該是先買「基本款」，也就是以股票、債券或平衡型基金為主；或是挑選「成熟市場」、「區域市場」為主，再以其他單一國家或主題的基金為輔。

保守的投資人如果買到波動性大的標的，很可能會因為淨值大起大落而吃不下、睡不著；同理，如果是能夠承擔風險的投資人，買到一支績效表現相當溫吞的標的，很可能會出現「不耐煩」的情形。此外，定期定額最適合「本金少」（資金少）、「沒時間看盤」，以及

投資外幣基金前應注意的四要點

給外幣投資新手的建議

1 避免跟話題熱潮而買進，易遭「高檔套牢」

2 先買「基本款」為主，如股票型、債券型、平衡型基金

3 以成熟市場、新興市場為主，再搭配單一國家或主題基金

4 若資金少、沒空看盤、沒把握，可從「定期定額」做起

「對投資不太在行」的新人使用；至於「有額外且大筆金額」、「對市場趨勢掌握非常有信心」的投資老手，也可以享受單筆投資的樂趣。

當然，定期定額也同樣可以與單筆投資一起搭配；也就是以「定期定額」為主，當有額外及多餘的資金，並且剛好市場大幅回檔時，就適合用單筆投資方式在市場低檔「加碼」，賺取更高的獲利。（更詳細的操作策略，可以參考《3 天搞懂基金買賣最新增訂版》一書）

【外幣期貨商品 1】雙元貨幣定期存款

Q 常聽到「雙元貨幣定期存款」，這和外幣定存有什麼不同？

A 「雙元貨幣定期存款」是一種結合「外幣定存」與「期貨選擇權」的商品，主要是看投資人預期未來哪一個貨幣會上漲而定。雙元貨幣承作的概念是「弱勢貨幣＋高額利息」。假設當銀行預期美元未來將下跌時，銀行會把美元賣給投資人。大家會覺得奇怪：「投資人為什麼甘願被套住？」最主要的原因，就是銀行發給較高的利息來吸引大眾，如此一來，銀行進可攻退可守。那投資人賺什麼？賺高額的利息。但如果想要賺到差價，可就需要一點時間；因為投資人會暫時持有相對弱勢的貨幣。波動大的貨幣，例如南非幣、澳幣、紐幣，可能會套比較久，因為漲跌幅度大，可能跌得太深，要補漲回來需要一點時間。

一般銀行在承作雙元貨幣的時間比較短，因為銀行要預估短天期的風險會比較簡單；此外，短天期的期限，客戶也比較容易接受。再者，雙元貨幣也是屬於期貨選擇權的一種，所以投資人要學著預期未來趨勢是看多或是看空。

雙元貨幣定期存款承作概念

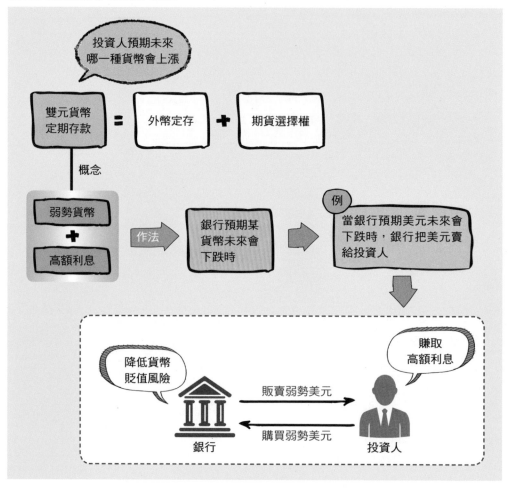

【外幣期貨商品 2】外匯期貨

Q 什麼是「期貨」？

A 先前提過「現貨交易」和「期貨交易」的差別。「現貨」就是買賣約定成交後，在兩個營業日之內完成資金收付交割；「期貨」（Futures Contracts）就是買賣約定成交後，在兩個營業日之後完成資金收付交割。期貨和股票一樣，是透過集中市場交易，公開自由買賣的一

種商品買賣合約。「期貨合約」的價格是經由公開競價程序決定的，內容通常包含：在哪一個期貨交易所交易（Where）、何種商品（What）、商品等級、規格、數量（Which）、何時到期（When）、如何交割（How）。

💰 **輕鬆弄懂選擇權：什麼是買權？**

Ⓠ 可不可解釋一下「選擇權」是什麼？

Ⓐ 舉例來說，桃園高鐵的青埔站房市最近很熱門，投資人想要買沿線的房屋，仲介喊價 1000 萬，投資人說：「我先付一筆金額 10 萬，買一個權利，權利保留一個星期，如果我喜歡這間房子，就可以用剛剛你喊的價錢來買。」10 萬元在房市的用語是斡旋金，但在選擇權中這叫作「權利金」，不算在執行價格之中（換句話說，未來如果要履約買房子的話，這筆錢是不能被扣除的）；而「一星期」就是「履約期」。隨後，投資人去

認識買權

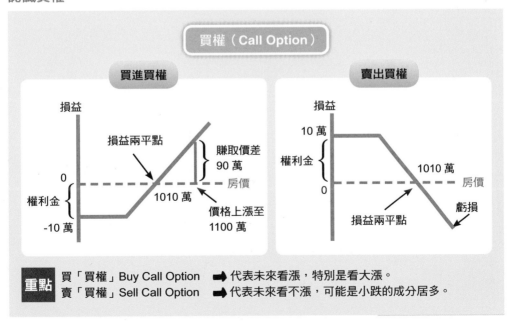

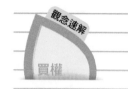

買權（Call Option）：在契約到期日前或到期日，以約定價格（稱為履約價格或執行價格）購買約定標的物之權利。

觀念速解

賣權

賣權（Put Option）：於契約到期日前或到期日，以約定價格（稱為履約價格或執行價格）賣出約定標的物之權利。

調查房價，萬一投資人發現房價上漲，從 1000 萬漲到 1100 萬，在履約期內（就是一星期內），投資人還是可以用 1000 萬買下這間房子，如果轉手馬上用 1100 萬賣出，可以賺到 90 萬（價差 100 萬須再扣掉 10 萬的權利金）。假設房價下跌了，沒這麼貴，房價其實只有 900 萬，買了等於套住，投資人最後決定不買房子了，賠 10 萬元（就是權利金）總比賠 100 萬好，這 10 萬元就算了！所以，投資人支付的權利金，就是買一個「買權」（Call Option）。

💰 **輕鬆弄懂選擇權：什麼是賣權？**

既然有「買權」，就有「賣權」（Put Option）。換個例子來說，假設建商蓋了一批房子，但是建商擔心政府打房將讓房價直直落，於是給了代銷公司每戶 10 萬元，請代銷公司開始幫忙賣房子。建商說：「不管未

認識賣權

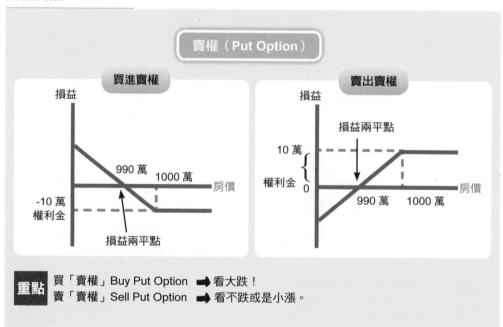

賣權（Put Option）

買進賣權

損益

990 萬　1000 萬　房價

-10 萬 權利金

損益兩平點

賣出賣權

損益

損益兩平點

10 萬 權利金

0　990 萬　1000 萬　房價

重點　買「賣權」Buy Put Option ➡ 看大跌！
賣「賣權」Sell Put Option ➡ 看不跌或是小漲。

來房價如何變化，我始終有權利可以用每戶 1000 萬的房價賣給你。」在這同時，建商也開始觀察房價。假設房價下跌，一戶只有 950 萬的賣價，因為價格太低，建商不打算自己賣房子，於是就賣給代銷公司 1000 萬，扣掉給代銷公司的 10 萬元權利金，跟目前在市場上只能賣到 950 萬元的情況比起來，建商還可以多賺 40 萬元。但是如果遇到政府打房沒有效果，房價還是持續上漲，例如漲到 1100 萬，建商想要自己賺的話，就會選擇自己賣房子，因為比自己的目標價 1000 萬可以多賺 100 萬，扣掉之前已經給代銷公司的 10 萬元權利金，至少還賺 90 萬元。

所以，買入「買權」通常是投資人對市場未來趨勢看漲，希望能在上漲前選擇相對低的履約價，買入標的物。買入「賣權」則是投資人對市場未來趨勢看跌，希望趕在下跌前，能夠在相對高點時先賣出標的物（至少鎖定某一個價位）。

【外幣期貨商品 3】外匯現貨保證金

Q 「外匯現貨保證金」的投資風險也很高嗎？

A 外匯保證金交易（Margin Trade）可以說是外匯的信用交易，類似於股票融資融券的一種投資工具，投資人要先存入一筆外幣款項作為交易時的保證金，這筆保證金的金額，可以操作 10 倍或 20 倍的額度（有些甚至於上看百倍）。而外幣現貨保證金的交易幣別，大多是以美元或歐元來交易。比方說，王小姐開立保證金交易帳戶，並存入 10 萬美元，如果投資槓桿倍數是 10 倍，王小姐可以操作 100 萬美元額度的金融商品，交易單位則是以「口」（lot）作單位，一口為 10 萬美元。

觀念速解

一口

「口」是計算期貨契約的單位。股票用「張」，期貨用「口」。買進一口的意思就是買入一張期貨合約。

觀念速解

平倉

Offset，其實就是轉讓契約，指期貨交易者將留倉的口數給賣出、將原來持有的部位了結。此處的「倉」意指帳戶、庫存。

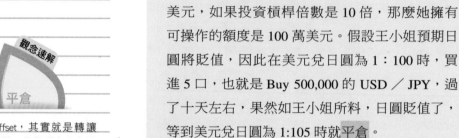

實例　外匯保證金交易

　　王小姐開立保證金交易帳戶，並存入 10 萬美元，如果投資槓桿倍數是 10 倍，那麼她擁有可操作的額度是 100 萬美元。假設王小姐預期日圓將貶值，因此在美元兌日圓為 1：100 時，買進 5 口，也就是 Buy 500,000 的 USD／JPY，過了十天左右，果然如王小姐所料，日圓貶值了，等到美元兌日圓為 1:105 時就平倉。

＊王小姐的匯兌收益為：

（105.00 － 100.00）×500000／105.00
＝ US$23,809.52

但是王小姐是借日幣、存美元，存美元的年息 2.85%，借日幣的年息 0.5%，

＊王小姐的利息收益為：

500000×（2.85% － 0.5%）×10／360 ＝ US$326.38

＊王小姐的總收益為：

US$23,809.52 ＋ US$326.38 ＝ 24135.90

💰 以小搏大風險高，外匯現貨保證金可槓桿操作

Q 「外匯現貨保證金」如何計算盈虧呢？

A 外匯保證金的收益來自兩部分：匯差和利差。匯差就是貨幣買賣時的匯率價差；利差則是因為買進的外幣存在外幣戶頭期間會有利息，但是賣出的外幣因為是跟

銀行借的，所以投資人也必須付利息。投資人在計算最後的總盈虧時，把利差和匯差加總就可以得知。但是在一般的交易系統中，投資人不需要自己計算，因為持有每口貨幣的盈虧狀況會隨著市場變動，透過電腦即時顯示出來。

簡單來說，當投資人進行外匯保證金交易時，假設保證金比例為 1%，如果投資人預期日幣將上漲，那麼其實際投入 10 萬美元，也就是 1000 萬 ×1% 的保證金，就可以買入合約價值為 1000 萬美元的單子。如果日圓兌美元的匯率上漲 1%，那麼投資者就能夠獲利 10 萬美元，實際的收益率可達到 100％；但是如果日圓下跌了 1％，那麼投資者將血本無歸，當時投入的本金將全部虧光。此外，當投資人的損失超過了一定額度後，就會遭到強制平倉。

外匯現貨保證金操作方式

 預期 A 國貨幣會漲 → 先買入 → 伺機平倉 → 獲利

 預期 B 國貨幣會跌 → 先賣出 → 伺機平倉 → 獲利

外幣保單不是沒有風險

外幣保單紅不讓，
但它真的適合你嗎？

很多人都聽過外幣保單，多數的投資者期待藉此商品同時賺到保障和匯差。但是，外幣保單到底有哪些種類？適合那些族群呢？這樣的期待會不會落空？

　　簡單來說，外幣保單就跟新臺幣保單很像，只是計價的單位從新臺幣變成美元或是澳幣等等其他外幣而已。通常繳費時，就要直接換成保單的計價貨幣，所以這個時候，就會衍生出來一趟跟銀行兌換的匯差；如果保單要繳六年，甚至於更久，那麼兌換次數愈多，衍生出的相關匯差以及可能的手續費就會愈多。而這些小小的匯差或手續費，就有可能稀釋未來的利潤——如果你把這種保單也當成是另一種獲利來源的話。

外幣保單的種類

　　在臺灣，以美元保單為大宗，澳幣保單則次之，都是等到期滿一次領回或是分期領回，目前年利率在 2.5% 上下。外幣保單可分為外幣投資型保單和外幣傳統型保單；一般像是儲蓄險和壽險等等，都屬於傳統型保單，保守型投資者就可以選擇這種保單。至於投資型保單，顧名思義，投資人除了必須承擔匯率風險，還得承擔投資盈虧；此外，一旦不小心發生停扣或扣款不足時，不但投資部位會下降，甚至可能造成原有的保障也會一併喪失。

外幣保單有哪些？

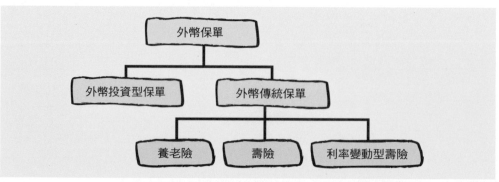

購買外幣保單的注意事項

如果決定購買外幣保單，就得考慮可能的匯兌風險。畢竟繳費時是以外幣計價，未來相關保費之給付或返還，也是以外幣為之，因此，除非會經常使用到這種外幣，比較不會牽涉到外幣跟新臺幣間頻繁的兌換，減少匯兌風險。此外，還得注意到計價的幣別，其與新臺幣兌換的歷史波動率是不是很高？像紐、澳幣過往十年兌換新臺幣的匯率歷史波動度就高達八成以上，投資人一定要小心選擇。

除了匯率的因素之外，外幣保單的年限多為六年起跳，投資人最好是拿閒錢購買或是以定期的方式繳費，才不會因為突然面臨經濟窘困，草草解約而白白損失一筆資金。所以，投資人在確定投保前，應該先想清楚自己的需求和動機。例如：有移民、出國遊／留學、出國旅遊計畫、或是未來有打算用原幣別投資海外金融商品等等，就可以選擇外幣保單，因為這樣可以減少匯兌的風險。如果沒有以上的情形的話，既然只生活在臺灣，外幣似乎就用不太到，就不必多此一舉去冒匯兌的風險了。

外幣保單一覽表

項目	增額終身壽險	還本型終身保險	利率變動型壽險	養老保險
特色	保額和保障同時逐年提增	（1）有些繳費期間就開始還本 （2）有些繳費期滿才開始還本	隨市場波動，宣告利率也會跟著波動；因此同時面對利率跟匯率的風險	滿期金
適合族群	較有資產的壯年族	小家庭	打工族 小資族	退休族

加值型保息不保本，保本型保本不保息

認識加值型與
保本型雙元貨幣定存

Q 所以，要先搞懂選擇權的買入和賣出之後，才有辦法區分「加值型」的雙元貨幣定存，和「保本型」的雙元貨幣定存有何不同囉？

A 一般雙元貨幣若就選擇權的買入和賣出，可以區分成兩種型式，分別為：

1 加值型（Yield-enhanced）

基本結構為外幣定存加上賣出選擇權。從商品結構來看，由於投資人賣出選擇權可以多收取一筆權利金，因此收益雖可提高，本金卻有可能被轉換成相對弱勢的約定貨幣，存在匯兌風險，有可能匯損侵蝕了之前的利差收益，甚至於把利差完全虧掉，所以是一種保息不保本的商品。

2 保本型（Principal-guaranteed）

基本結構為外幣定存加上買入選擇權。由於買入選擇權必須支付一筆權利金，因此會減少定存的收益；而買入選擇權雖然可鎖定風險，但其存在不執行的機會，將會影響未來報酬率的高低，所以保本型雙元貨幣是一種保本但不保息的商品。

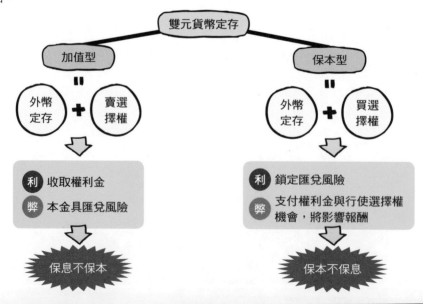

所以，投資人要記住「加值型保息不保本，保本型保本不保息」。假如選擇保本型，投資人買一個買權，代表投資人先支付一筆權利金來保本，而這個權利金就會吃掉部分利息收益，未來如果所連結的標的物真的上漲了，投資人的獲利就因此變大了。

不過，要提醒投資人的是，雙元貨幣因為牽涉到選擇權的交易，所以光是基本買和賣的買權和賣權排列組合下來，就有四種交易方式，再加上還要精準地抓住未來的多空趨勢，於是就提高了商品的投資難度！此外，萬一遇上只想拉業績、著重銷售商品的理專，但他對此類金融商品的架構不熟悉，因此沒能跟你講清楚什麼情況會賺錢、什麼情況會虧錢的話，很容易害得第一次接觸雙元貨幣的投資人虧錢虧得莫名其妙。

I N F O　雙元貨幣定存整理

商品概念	外幣定存＋匯率選擇權
投資時間	7 天、14 天、1 個月……任選
投資收益	外幣定存利息＋外幣選擇權權利金收入
可能風險	到期時，如果匯率不如預期，將被轉至另一個弱勢貨幣，面臨利率損失與匯損風險

外幣遠期商品

為了規避外匯不可預期的波動幅度，許多投資人會透過交易遠期商品來當作資金避險的工具。這些金融商品包括：遠期外匯、外匯期貨、外匯選擇權，以及外匯期貨選擇權等等。只是，水能載舟、亦能覆舟，如果投資人預期方向失準，原本是用來避險的商品，也會造成投資人荷包失血，不可不慎。

單元重點

- 不同外幣遠期商品的特點
- 各種外幣遠期商品的操作方法

多空都可操作，用外幣遠期商品來避險

Q 常常看到金融機構提供遠期外匯、外匯期貨、外匯選擇權等商品，這幾類商品各有什麼特點？

A 為了避免匯率波動所造成的匯兌損失，投資人會尋找適當的避險工具，幫助自己降低持有外幣的風險。不過，遠期外匯、外匯期貨、外匯選擇權以及外匯期貨選擇權，雖同被視為避險工具，卻各有千秋。

🪙 遠期外匯

首先，先來解釋一下即期和遠期。簡單來說，交割的時間在二天以內者屬於即期，二天之後則是屬於遠期。銀行可以依照客戶的需求，與客戶訂立遠期合約；但這些合約並不是標準化，只要雙方議定好即可，彈性很大，這是遠期外匯合約最大的特色。此外，它沒有第三者保證履約的承諾；也因為如此，萬一遇上投資人破產跑路，或是銀行倒閉——換句話說，只要有任何一方違約，那麼這筆交易就會變成呆帳，將求償無門。

交割時間在二天以後，都叫「遠期外匯」

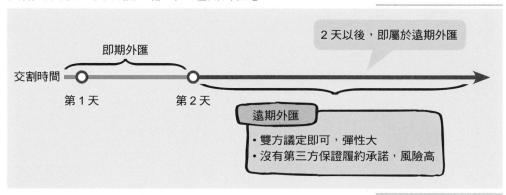

外匯期貨

期貨商品有很多種，一般說來，只要是用外幣計價的期貨商品，都可以被歸類於外匯期貨商品，包括指數期貨、債券期貨、能源期貨、農產品期貨、貴金屬期貨以及特別針對貨幣投資的「外匯期貨」。這些都是制式化、標準化規格的商品，投資人在交易前必須先繳交一筆保證金。只不過要提醒投資人注意的是，並不是所有

常見的外匯期貨商品

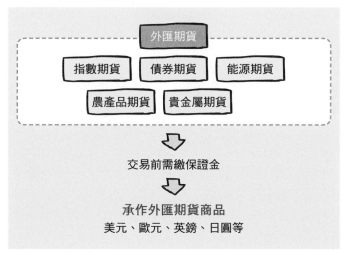

觀念速解

歐式選擇權
（European Option）

指買方有權利但無須負義務，而只能在到期日當天，以履約價格買進或賣出標的物。大部分在店頭市場交易的選擇權多為歐式選擇權，這種選擇權是不能提前執行的。

觀念速解

美式選擇權
（American Option）

指買方有權利但無須負義務，在到期日之前的任何一天都可以履約價格買進或賣出標的物。大部分在交易所掛牌的選擇權商品，都是美式選擇權。

幣別都有交易所推出相關的期貨商品。普遍來說，主要貨幣（美元、歐元、英鎊、日圓等）有較多樣的外匯期貨商品可以承作。

外匯選擇權

這是一種以外幣為標的所衍生出來的金融商品，它跟外匯期貨不同的是，買方必須先支付一筆權利金，而賣方則是收受該筆權利金。在支付權利金後，買方取得一個權利，在未來某個特定日期（稱為歐式選擇權 European Option）或是未來某特定期間（稱為美式選擇權 American Option），有權利按照先前就約定好的價格（就是兩種幣別交換的匯率），買入或賣出締約當時所要求的金額，或者換成指定的貨幣。而賣方也必須遵守合約上的承諾，賣出指定數量或指定的某種貨幣。一般說來，選擇權的標的物可以是現貨，也可以是期貨，再加上是採用外幣計價，因此前者稱為外匯現貨選擇權，後者則是外匯期貨選擇權。

外匯選擇權

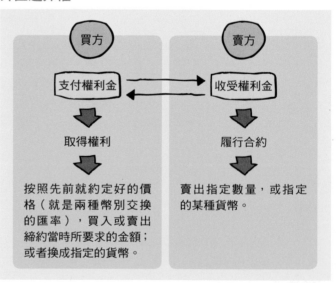

比較三種商品的異同

	遠期外匯	外匯期貨	外匯選擇權
契約方式	金融機構與客戶雙方自由議定	標準化商品，必須符合規定	標準化商品，必須符合規定
交易方式	私下或櫃臺買賣市場，以電話或電報交易	在期貨交易所公開競價	在選擇權市場公開競價
漲跌幅限制	無	有每日價位最高變動幅度	無
權利金	無	無	買方付
保證金	不一定	買賣雙方都要	賣方付
保證付款人	無	結算所	外幣選擇權結算公司
履約風險	有不履約風險	結算所背書保證	買方可選擇履約或放棄
違約風險	有風險，需慎選交易對象	保證金交易制度	
解除合約義務	須在到期時履行交割義務。	可經由反向操作或到期履約交割而解除合約義務	

非標準化規格，遠期外匯合約彈性大

Q 遠期外匯的合約內容大致有哪些？

A 遠期外匯合約（Forward Exchange Agreement，FXA）是指外匯買賣雙方在締約時，針對交易的貨幣種類、數額、匯率及交割的期限等達成協議，並明定於合約內，雙方在規定的交割日時必須履行合約，辦理實際的收付結算。

　　遠期外匯合約的主要目的是規避匯率風險，不論是

有遠期外匯收入的出口企業，或是有遠期外匯支出的進口企業，都可以和銀行訂立遠期外匯合約。按預約的價格在將來到期時進行交割，避免進口產品成本上升和出口銷售收入減少的損失，控制結算風險。

遠期外匯合約包含新臺幣對各種外幣遠期外匯，也有美元對各種外幣間的遠期外匯，承作的幣別包括美元、日圓、英鎊、歐元、港幣等等。雖然遠期外匯沒有制式的契約，但還是有大致上的範疇，可以當成議定合約時的參考。

以新臺幣對各種外幣的遠期外匯來說，可以選擇固定到期日或是任選到期日。以固定到期日來說，有10天、30天、60天、90天、120天、180天等檔期；任選到期日則是10天至30天、31天至60天、61天至90天等。交割期間一樣也可以選擇固定到期日和任選到期日，可以展延。至於美元對各種外幣的遠期外匯，固定或是任選的到期日大致包括1個月、2個月、3個月……或其他天期，但通常是不得展期。每筆金額至少要10萬美元以上。

外匯遠期合約的優缺點

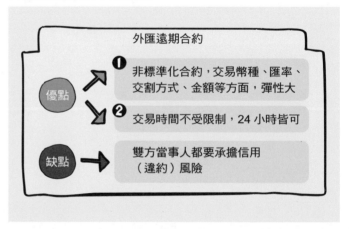

賺多賠多風險高，保證金若不足額強遭平倉

(Q) 期貨的制式契約包含哪些內容？

(A) 期貨是一種制式的契約。內容會載明買賣雙方約定在未來的某個「時間」，約定的「價格」和「數量」，「買進／賣出」某特定商品。

期貨合約要素

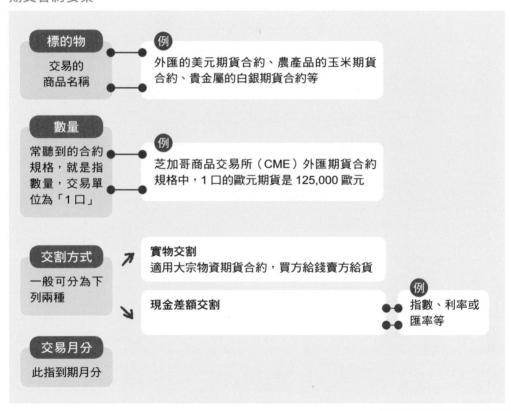

標的物
交易的商品名稱

例
外匯的美元期貨合約、農產品的玉米期貨合約、貴金屬的白銀期貨合約等

數量
常聽到的合約規格，就是指數量，交易單位為「1 口」

例
芝加哥商品交易所（CME）外匯期貨合約規格中，1 口的歐元期貨是 125,000 歐元

交割方式
一般可分為下列兩種

實物交割
適用大宗物資期貨合約，買方給錢賣方給貨

現金差額交割

例
指數、利率或匯率等

交易月分
此指到期月分

此外，期貨可以再分為商品期貨及金融期貨兩大類。「商品期貨」通常是傳統的大宗物資；「金融期貨」則是包含貨幣、利率、股價指數等無實體物的商品。

期貨的兩大類別：商品期貨、金融期貨

期貨類別	商品內容	交易所
商品期貨	（1）農產品期貨 例如：穀物、黃豆、棉花、生豬等。	主要交易市場是美國芝加哥期貨交易所（CBOT）、東京穀物交易所（TGE）等。
	（2）金屬期貨 例如：黃金、白銀、銅、鋁等。	主要交易市場是紐約商品交易所（COMEX）、英國倫敦金屬交易所（LME）等。
	（3）能源期貨 例如：石油、燃油、汽油等。	主要交易市場是紐約商業交易所（NYMEX）、英國國際石油交易所（IPE）等。
	（4）軟性期貨 例如：咖啡、可可。	主要交易市場是咖啡、糖、可可交易所（CSCE）、英國倫敦商品交易所（LCE）。
金融期貨	（1）外匯期貨契約 例如：有英鎊、加幣、歐元、日幣、德國馬克、瑞士法郎等。	目前全球主要的金融商品交易所為：芝加哥商品交易所（CME）、新加坡國際金融交易所（SIMEX）、英國倫敦國際金融期貨交易所（LIFFE）等。
	（2）股價指數期貨契約 例如：股價指數期貨契約。	
	（3）短期利率期貨契約 例如：歐洲美元及美國國庫券。	
	（4）長期利率期貨契約 例如：美國中期公債（T-Note）、長期公債（T-Bond）。	

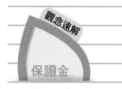

觀念速解

保證金

保證金（Margin）：由於期貨具有高度財務槓桿的特性，因此，在交易上需要有「抵押品」，以確保交易人能有履約的能力。而保證金即是期貨交易的抵押品，用來作為將來清償損益，或是充當履約的保證；並且透過結算所每日的結算，來控管保證金的水準。

Ⓠ 外匯期貨需要保證金嗎？

Ⓐ 投資人開戶之後，必須先存入足夠保證金，才能開始交易。保證金金額大小，則視各種商品以及各種交易所的規定而有所不同。帳戶裡頭有了足夠的保證金，之後就可以透過營業員幫忙下單。每次下單的時候，經紀商就會檢視你的戶頭，看看有沒有超過「原始保證金」？

由於期貨如同股票一樣，分分秒秒都在跳動；而且每天的收盤價格也不一樣，如果保證金的餘額低於「維持保證金」所規定的金額，期貨經紀商就會要求投資人

補齊保證金；等到保證金足額了，營業員才會代為下單。如果保證金額度不足，甚至在規定的時間內還沒辦法補齊，期貨經紀商就會強制替投資人平倉，也就是所謂的「斷頭」。

觀念速解

斷頭

期貨商強制了結客戶原有的部位。

(Q) 最小跳動點和最小跳動值是什麼？

(A) 簡單來說，最小跳動點就是最小跳動單位；而最小跳動值就是每跳動一點代表的價格。以芝加哥商品交易所（**CME**）的歐元期貨規格來說，它的制式契約規格是12萬5000歐元，報價單位是美元，最小跳動點是 0.0001 美元／歐元，所以相乘之後為 12.5 美元。有時候，券商的交易軟體報價會變成 13637.500 或 13640.500，投資人看不到 0.0001 的最小跳動值，原因就是因為券商透過電腦程式把數字乘上 10,000，所以 13,637.500 其實應該是 1.3637500。

假設投資人看到 13,637.500 變成 13,640.500，好像增加了 3 點，實際上是增加 0.0003，我們知道 0.0001 美元／歐元為 12.5 美元，增加 0.0003 就是多了 37.5 美元。

芝加哥商業交易所（CME）的外匯期貨合約規格範例

標的物	日圓（JY）	歐元（URO）	英鎊（BP）	瑞士法郎（SF）	加幣（CD）	澳幣（AD）
契約規格	JY12,500,000	EC125,000	BP62,500	SF125,000	CD100,000	AD100.000
報價方式	USD/JY	USD/EC	USD/BP	USD/SF	USD/CD	USD/AD
最小價格變動幅度	0.000001=USD12.5	0.0001=USD12.5	0.0001=USD6.25	0.0001=USD12.5	0.0001=USD10.0	0.0001=USD10.0
漲跌幅限制	無					
契約月分	3、6、9、12 之四個季月，同時進行交易					
本地交易時間	20:20－03:00 電子交易：06:00-05:00					

資料來源：元大寶來期貨

Q 外匯期貨交易如何發揮避險的功能？

A 通常可以分為「多頭避險」和「空頭避險」。「多頭避險」就是當投資人未來要買進外匯時，如果預期未來要買的標的物貨上漲，可以預先買進外匯期貨，以規避外匯升值的風險。相反地，「空頭避險」就是當投資人目前持有的外匯，未來可能會貶值時，投資人可以預先賣出外匯期貨，以避免外匯貶值所造成的損失。

運用外匯期貨交易避險的方式

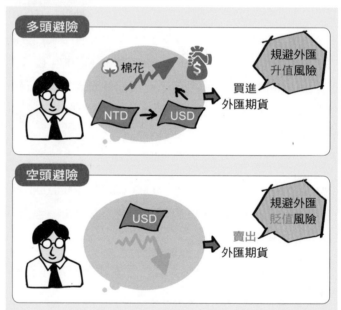

觀念速解

選擇權契約

選擇權契約（Option Contract）：指當事人約定，選擇權買方支付權利金，取得購入或售出之權利，得於特定時間內，依特定價格、數量等交易條件買賣約定標的物。選擇權賣方則於買方要求履約時，依約定履行義務，或雙方同意於到期前或到期時結算差價之契約。

外匯選擇權交易較複雜，權利金可視為停損點

Q 外匯選擇權也是制式合約，它的內容包含哪些？

A 就如同期貨一樣，它也是制式的契約。內容也會載明買賣雙方約定在未來的某個「時間」，約定的「價格」和「數量」，「買進／賣出」某特定商品。因此，構成

選擇權的三大要素為：標的物、履約價、到期時間。

　　外匯選擇權的商品分類包括：指數選擇權、能源選擇權、農產品選擇權、貴金屬選擇權，以及針對貨幣投資的「外匯選擇權」，它也會有最小跳動點和最小跳動值，只是每一種商品的條件和金額不一樣，投資人必須特別注意。

　　比較特別的是，既然是選擇權，投資人可以選擇「買進／賣出」的權利。買進又可以分成買「買權」、買「賣權」；賣出也是可以賣「買權」和賣「賣權」，甚至還有「美式選擇權」和「歐式選擇權」，再加上以外幣計價，整個選擇權的交易就更顯得複雜了。

美國 CME 選擇權

商品種類 / 代號	最小跳動值	交易月分	夏令交易時間（人工盤）	夏令交易時間（電子盤）
S&P500 股價指數（SP）	25 美元	人工盤：8 個季月 +3 個連續月 電子盤：1 個季月 +3 個連續月	21:30~04:15	04:30~21:15
Mini -S&P 股價指數（ES）	0.25 點 =12.5 美元（電子交易）	4 個季月 +3 個連續月	04:45~04:15	04:30~04:15
NASDAQ 100 指數（ND）	權利金 > 3 0.10=$25.00 權利金 < 3 0.05=$12.50		21:30~04:15	04:30~21:15
ini Nasdaq	臺灣證期局主管機規尚未開放交易期貨選擇權合約			
日經 225 指數（NK）	5 點 = 25 美元		21:00~04:15	N/A（無電子盤）
美 國 國 庫 券（TB）	0.005 點 = 12.5 美元		20:20~03:00	人工電子並行 Side-by-side 06:00~05:00
三個月 歐洲美元（ED）	0.0025 點 = $6.25 美元		20:20~03:00	人工電子並行 Side-by-side 06:00~05:00
一個月 Libor（EM）	0.0025 點 = $6.25 美元		20:20~03:00	N/A（無電子盤）
日圓（JY）	0.0001 美分 / 日圓 =12.5 美元		20:20~03:00	人工電子並行 Side-by-side 06:00~ 05:00

商品種類 / 代號	最小跳動值	交易月分	夏令交易時間 （人工盤）	夏令交易時間 （電子盤）
瑞士法郎（SF）	0.01 美分 / 瑞郎 =12.5 美元	近月連續 12 個月	20:20~03:00	人工電子並行 Side-by-side 06:00~ 05:00
英鎊 （BP）	0.02 美分 / 英鎊 =12.5 美元		20:20~03:00	人工電子並行 Side-by-side 06:00~05:00
加幣（CD）	0.01 美分 / 加幣 =10 美元		20:20~03:00	人工電子並行 Side-by-side 06:00~05:00

資料來源：元大金控

選擇權
買方

選擇權買方（Holder）：
選擇權契約的買方支付
權利金，取得履約的權
利。

選擇權
賣方

選擇權賣方（Granter/
Writer/Seller）： 選擇
權交易的賣方收取買方
之權利金，但必須承擔
買方執行履約權利時履
行契約的義務，又稱為
Writer 或 Seller。

Q 什麼是買權？什麼是賣權？

A 選擇權分為「買權」與「賣權」，「買權」的買方付了保證金後，他就有權利在到期日（或到期日之前）依照履約價、數量、規格，買進標的物；而「買權」的賣方也應該依照約定而行。相反地，「賣權」的買方有權利在到期日（或到期日之前）履約賣出標的物，而「賣權」的賣方也應該依約買進。

選擇權契約要素

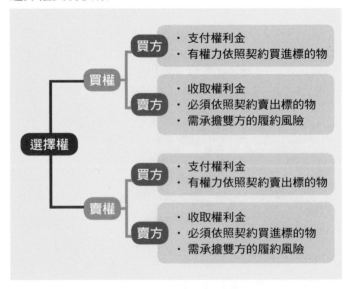

　　投資人可以買「買權」、賣「買權」，也可以買「賣權」、賣「賣權」；因此，選擇權和期貨一樣，可以做多或做空。但是選擇權的好處是，不履約的結果頂多賠掉權利金，有停損點；但是期貨無法不履約，到期就是要履行義務，因此，期貨的風險比選擇權大得多，也難怪能夠在期貨市場當常勝軍的投資人是少之又少。

Q 買權和賣權怎麼操作呢？

A 我們舉例來說，假設美元兌新臺幣為 1：30，王先生預期三個月後將要付一筆 10 萬美元的進貨款項，他認為未來美元會升值，於是他選擇買進「買權」，契約金額 10 萬美元，買權履約價為 30.5，權利金 0.6% 為 600 美元，到期日為 3 個月，選擇權形式為歐式選擇權。等到期時，即期匯率分別是 1：31 和 1：29，王先生該不該履約呢？如果是前者，代表美元對新臺幣升值了，表示王先生的預期沒錯，所以王先生選擇履約，就替自己省了一筆錢，淨賺 1012.9 美元。如果王先生預期失準，3 個月後即期匯率是 1：29，王先生不履約的話，頂多就損失那權利金 600 美元而已。

實例　買權的操作方式

買進「買權」契約規格：

契約金額 10 萬美元

買權履約價為 30.5

權利金 0.6% ＝ 600 美元

3 個月後即期匯率是 1：31

履約結果：

獲利 =USD100,000×（31–30.50）÷31.0 = USD1612.9

淨獲利 =USD1612.9–USD600 = USD1012.9

換個方向來討論，劉先生預計 3 個月後有一筆 10 萬美元的貨款要從國外匯進臺灣，當時美元兌新臺幣是 1：30，可是他認為美元將來會貶值，於是他也採取選擇權來避險，他是買「賣權」。契約金額 10 萬美元，賣權履約價為 30.5，權利金 0.6% 為 600 美元，到期日為 3 個月，選擇權形式為歐式選擇權。等到期時，即期匯率分別是 1：31 和 1：29，劉先生該不該履約呢？如果是前者的話，劉先生會獲利，因為換回來的新臺幣更多，所以他選擇不履約，頂多賠掉 600 美元權利金；但如果匯率是後者 1：29，劉先生的預期對了，劉先生選擇履約的話，他可以淨賺 4572.4 美元。

實例　賣權的操作方式

買進「賣權」契約規格：

契約金額 10 萬美元

賣權履約價為 30.5

權利金 0.6% ＝ 600 美元

3 個月後即期匯率是 1：29

履約結果：

獲利 =USD100,000×（30.50 － 29.00）÷29.0=USD5172.4

淨獲利 =USD5172.4 － USD600=USD4572.4

Q 臺灣券商是否有承作外匯期貨選擇權？

A 先前提到外匯選擇權中，包含外匯現貨選擇權和外匯期貨選擇權。目前央行核准的外匯商品，包括保證金交易、遠期利率協定、外幣選擇權、利率選擇權、外幣間換匯換利等衍生性商品，但尚未開放相關期貨商品交易。所以，國內的券商並沒有承作外匯期貨及外匯選擇

權，對於此類商品有興趣的投資人必須在國外券商開戶，才有辦法操作此類商品。

可避險可套利，換匯交易賺利差與匯差

Q 除了遠期外匯、外匯期貨、外匯選擇權之外，換匯交易是不是也是常見的避險工具？

A 換匯交易的確是企業常用來避險的方法。換匯交易（FX SWAP）就是先以 A 貨幣交換 B 貨幣，雙方訂在未來某一特定時間，再用 B 貨幣換回 A 貨幣，如此一來，買賣雙方都沒有匯率變動的風險，同時達到資金調度的目的。不過，A 貨幣和 B 貨幣的匯率，買賣金額以及交割日，雙方可以自己議定，彈性更大。

針對外幣需求量大，換匯金額及次數頻繁的企業（國內法人），國內銀行有提供換匯交易的服務，不論是新臺幣兌外幣，或是外幣兌外幣都可以。換匯交易類型包括：即期對遠期、遠期對遠期、即期交割日以前之換匯等，期限最長是一年，雖然不用保證金，但是換匯有門檻限制。例如：外幣兌外幣的等值金額，至少需 25 萬美元；新臺幣兌外幣的等值金額，必須逾 50 萬美元。

Q 換匯交易除了可以避險，是不是也有機會套利呢？

A 貨幣不同，當然利率也就不同，兩個兌換匯率的價差叫做「換匯點」，即期匯率＋換匯點＝遠期匯率，這個公式就是換匯交易的訂價基礎，而換匯交易的利基點就是在於利率的差異性。

舉例來說，假設 A 公司會有進口需求 100 萬美元，1 個月後也有出口 100 萬美元的入帳，A 公司就向 B 銀行申請換匯交易，也就是作一筆買入即期美元／賣出遠期美元。當時即期匯率為美元兌新臺幣為 1：30，一個

換匯交易可避險也可套利

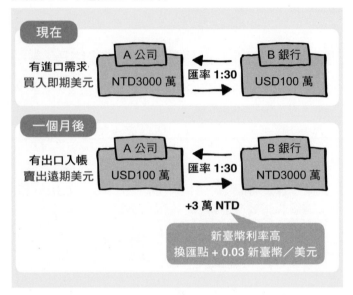

現在
有進口需求
買入即期美元
A公司 NTD3000萬 匯率1:30 B銀行 USD100萬

一個月後
有出口入帳
賣出遠期美元
A公司 USD100萬 匯率1:30 B銀行 NTD3000萬
+3萬NTD

新臺幣利率高
換匯點+0.03新臺幣／美元

月換匯點＋0.03新臺幣／美元，所以，A公司用3000萬新臺幣跟B銀行換成100萬美元，雙方約定到期日為一個月後，A公司再拿100萬美元給B銀行換回3000萬新臺幣即可。但是因為新臺幣的利率比美元高，所以B銀行還要再給A公司3萬元新臺幣當做補貼利息的損失。所以，A公司不只規避了匯率的波動風險，還多賺了新臺幣3萬元的利息。

換匯交易除了可以規避匯率波動風險，更積極一點的投資人還可以進行套利。當A公司接受B銀行依照遠期匯率預售遠期美元，A公司立即向C銀行拋售即期美元，就可以進行套利。總而言之，換匯交易就是即期外匯與遠期外匯的套匯操作。當投資人認為遠期匯率被低估時，可以在即期市場賣出，同時購買遠期外匯；相反地，當遠期外匯匯率被高估時，投資人就買進即期外匯，同時出售遠期外匯。

外幣遠期商品，
原本設計目的
是避險

① 外幣遠期商品多空皆可操作，避免匯兌風險

因為外匯有不可預期的匯兌風險，所以投資人透過交易遠期商品
來當作資金避險的工具。常見的工具有：

● 遠期外匯
● 外匯期貨
● 外匯選擇權

② 外匯期貨商品

最主要是用來轉移匯率變動風險。

你可以在外匯現貨市場買進或賣出某種外匯，並同時在期貨市場
買進或賣出期貨合約，用期貨盈餘抵銷現貨虧損。

> 只要是用外幣計價的期
> 貨商品，都可以被歸類
> 於外匯期貨商品

期貨商品的種類：

包括：

指數期貨、債券期貨、能源期貨、農產品期貨、貴金屬期貨以及
特別針對貨幣投資的「外匯期貨」。

☆投資人在交易前，必須先繳交一筆保證金。

☆不是所有幣別，都有交易所推出相關的期貨商品。

美元、歐元、英鎊、日圓等主要貨幣，有較多樣的外匯期貨商
品可以承作。

外幣固定收益商品

在經濟景氣前景低迷盤旋時，低風險、高配息的防禦型投資工具就成為投資者資金的避風港；尤其是能夠穩穩賺進利息的固定收益商品，也成為投資者加碼的潛力標的。其中，國外國庫券、公債、外國高評等公司債，以及海外可轉換公司債這四大類，是頗受國人歡迎的投資標的物。

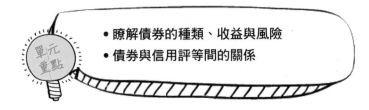

單元
重點

• 瞭解債券的種類、收益與風險
• 債券與信用評等間的關係

防禦型投資：固定收益債券受青睞

Q 外幣固定收益的商品有哪些？

A 一般來說，國外國庫券、公債、外國高評等公司債，以及海外可轉換公司債是常見的外幣固定收益商品，這些都屬於債券。什麼是債券呢？債券是一種投資人借錢給政府或公司使用的憑證，投資人可以據此定期獲得利息、到期會取得本金。發債人必須在債券到期日前，按期支付當初議定的利息，並在到期日時，向債券持有人贖回債券。

受投資人歡迎的外幣固定收益商品

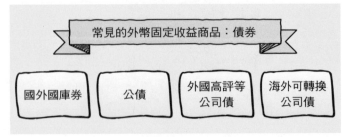

常見的外幣固定收益商品：債券

| 國外國庫券 | 公債 | 外國高評等公司債 | 海外可轉換公司債 |

Q 債券有哪些分類？

A 以美國為例，根據發行機構的不同，債券可以大致區分為美國財政部發行的公債、美國政府機構債券、地方（州、郡政府）公債、公司債等。此外，還有美國以外的政府債券與新興市場債券等。一一介紹如下。

1 美國政府機構債券

政府會發行債券，當然是為了要籌措經費，作為經濟建設之用。在這些發行債券的機構當中，只有 GNMA 債券是由美國政府提供完全的信用保證；而 FNMA 和 Freddie Mae（就是 2008 年以來被相提並論的「二房」），則是以機構本身具有向美國財政部融資的權利作為擔保，信用評等就不像 GNMA 具有美國政府般的信用等級，保障相對較弱。

觀念速解

GNMA 債券

由美國政府國家抵押貸款協會（Government National Mortgage Association）所發行的債券。

2 地方公債

這是指地方政府為了籌措公共事業的經費而發行的債券。例如：學校、高速公路、運動場、污水處理系統、橋梁等。民眾收到地方公債的利息所得，通常免於繳交聯邦所得稅、州稅和地方稅，因此又被稱為免稅債券（tax-exempt or tax-free）。就因為免稅，所以地方公債所提供的稅前收益，通常會低於一般應稅的債券；而如果計算稅後的收益，通常就會高於一般債券。所以，投資人的適用所得稅率愈高，地方公債的節稅效果也將愈顯著。

3 公司債（Corporate Bond）

企業可以透過發行公司債，藉以籌措更新設備的資金或是擴充產能需要的營運資金，甚至於是購併擴張版圖的資金來源。因為資金需求的目的不盡相同，所以公

司舉債的到期日也就不一定會是某個特定時間，有些短則一年，長則達 40 年之久的都有可能。由於公司債多半是上市企業發行（有些信用評等高的公司不須上市也可以發行公司債。例如臺灣電力公司就發行鉅額的公司債，但是它並沒有在集中市場掛牌交易），因此，其公司債價格的走勢，就會受到企業獲利與股價走勢的影響；由於會有這樣的波動風險，於是公司在發行公司債時為了吸引投資人參與購債，通常會把票面利率（就是一開始設定要給投資人的利率）設定的比政府債券要來得高，自然也會高於一般定存的利率。由於報酬率比起定存要來得高一些，對於擔心股市波動過大，又想參與企業獲利機會的投資人來說，公司會是一個不錯的投資管道。

④ 美國以外的政府債

當然，國庫券也不是只有美國發行，中國大陸和臺灣等世界各國的政府部門也會發行，只是各國的國庫券的發行方式和利率高低不盡相同。例如，歐豬五國（葡萄牙、義大利、愛爾蘭、希臘跟西班牙這五個國家）有發行公債（因為債信相對較差，所以殖利率多半超過 5%），瑞士、奧地利、荷蘭、德國、法國等其他歐元區國家，亞洲的日本，大洋洲的澳洲、紐西蘭，美洲的加拿大等國都有發行公債，只是各國票息不一。像是澳洲和紐西蘭的 10 年期公債，票息殖利率都高達 5%；反觀日本的 10 年期公債，票息殖利率居然只有 0.6%，相差超過八倍。因此，投資人若著眼於國際間的公債，可得好好打聽清楚；當然，也得考慮各國的信用評等高低，以及匯率走勢的變化。

5 新興市場債券

「新興市場」泛指發展程度僅次於已開發的工業國家，通常包含三大區塊——新興亞洲（包括中國大陸、印度、新加坡、印尼、馬來西亞、菲律賓與泰國這些亞洲國家）、拉丁美洲（像是巴西、墨西哥、智利、祕魯、阿根廷等）、還有新興東歐（像是俄羅斯、烏克蘭、波蘭等國）。投資新興市場的好處是票面利率通常較高，這是反應這些國家有較高的非經濟風險（例如政變、民眾暴動等），因此，買進此類公債的投資人就得面臨變動幅度較大的風險。

美國公債違約風險低，連中國政府都持有

Q 美國的公債如何分類？

A 美國政府債券會按發行期間長短來分類，一年以內叫「國庫券」，一年以上叫做「公債」；不管是國庫券或公債都有發行小額的債券，可以讓一般投資人參與認購。一般外國人想要投資國外政府所發行債券的話，通常必須透過某些券商代為下單才能夠投資政府債券，而不是直接參與競標。既然是外國政府所發行的公債，投資人就必須以這些國家的幣別交易。假設投資人購買美國短期國庫券，就必須以美元進、美元出；也就是用美元買債券，當債券到期、或是固定發放債息時，投資人所拿到的款項也會是美元。

購買外國政府債券的方式

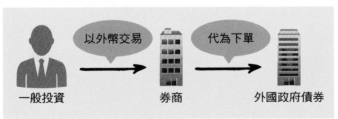

一般投資　→ 以外幣交易 → 券商　→ 代為下單 → 外國政府債券

如果再將美國政府所發行的債券細分類的話，有三大分類：

1 美國短期國庫券（Treasury Bills），簡稱 T-bill

　　到期時間在一年之內，每週會競價拍賣一次，到期天數為 4 週、13 週、26 週；這種短天期的和 1 個月、3 個月、6 個月到期的國庫券，都很常見。它的交易最低面額是 1000 美元，也以 1000 美元為變動單位。通常 T-bill 的發行幾乎是沒有計算利息的；因為國庫券在發行時是以票面價值折價出售，這折價的空間，就是投資人可以賺取的利潤。譬如說它的面額為 1000 美元，投資人花 950 美元就標到，這中間的差價 50 美元，就當作是給投資人的利息。由於 T-bill 的到期天數低於一年，變現性很高，所以有些財經網站會把 T-bill 歸類為貨幣商品；而買賣這些商品的基金，就被稱為「貨幣型基金」。

2 美國中期國庫券（Treasury Notes），簡稱 T-note

　　期限 2 年到 10 年不等。2 年期的每月競價拍賣，3 年期的則是每季競價拍賣，10 年期的一年拍賣八次。

3 美國長期國債（Treasury Bonds），簡稱 T-bond

　　期限是 10 年到 30 年不等，每年的 2 月和 8 月會各拍賣一次。

　　由於 T-bill 的到期日是低於一年，因此 T-bill 屬於國庫券；T-note 和 T-bond 到期日都在一年以上，甚至長達 30 年，因此 T-note 和 T-bond 被歸類為公債。T-note 和 T-bond 在發行時，會以接近市場殖利率的票面利率進行競價拍賣，藉由縮小拍賣定價和票面價值的差距，以利成交。兩者最低面額是 1000 美元，而且也是以

1000 美元為變動單位，通常每六個月會配發利息；偶而也會以零息債券的方式發行，但頻率相對較少。

美國公債行情表

時間	商品名稱	收盤價	漲跌	漲幅%	開盤	最高	最低	前一日收
2018/02/02	美3月公債殖利率	1.488100	-0.002700	-0.18	1.493400	1.510100	1.462500	1.490800
2018/02/02	美6月公債殖利率	1.645500	-0.013200	-0.80	1.643200	1.680600	1.626100	1.658700
2018/02/02	美2年公債殖利率	2.145300	-0.035800	-1.64	2.177000	2.187800	2.129100	2.181100
2018/02/02	美3年公債殖利率	2.320200	-0.015800	-0.68	2.333300	2.363300	2.303600	2.336000
2018/02/02	美5年公債殖利率	2.585000	0.005400	0.21	2.581300	2.622200	2.555400	2.579600
2018/02/02	美7年公債殖利率	2.766000	0.035100	1.29	2.729600	2.785400	2.711200	2.730900
2018/02/02	美10年公債殖利率	2.841100	0.046800	1.67	2.795300	2.854400	2.777900	2.794300
2018/02/02	美30年公債殖利率	3.088100	0.059800	1.97	3.030400	3.098900	3.016900	3.028300

美國公債市場殖利率　　2018-02-05

資料來源：鉅亨網

Q 政府公債就不會有投資風險嗎？

A 投資人會認為美國國庫券是全球最安全的債券選項之一，是因為有美國政府的信譽做擔保；除非天災人禍或是國家倒閉滅亡，否則投資人一定可以收回本錢。通常債券期限愈長，利息便愈高，因為投資人所承擔的風險會愈大。所以，30 年的國債會比 90 天或 5 年的 T-bill 或 T-note 的利率高，但相對地，30 年的 T-bond 也承受著較高的通貨膨脹及信用等風險。

所以，即使投資人認為投資政府公債風險已經很低了，但實際上，1994 年墨西哥政府公債違約，1998 年巴西政府公債違約，1998 年俄羅斯政府公債違約，還有最近 2009 年歐豬五國的國債違約事件，在在告訴我們，只要國家財政困難，不管是不是新興國家，都還是有違約的可能性。

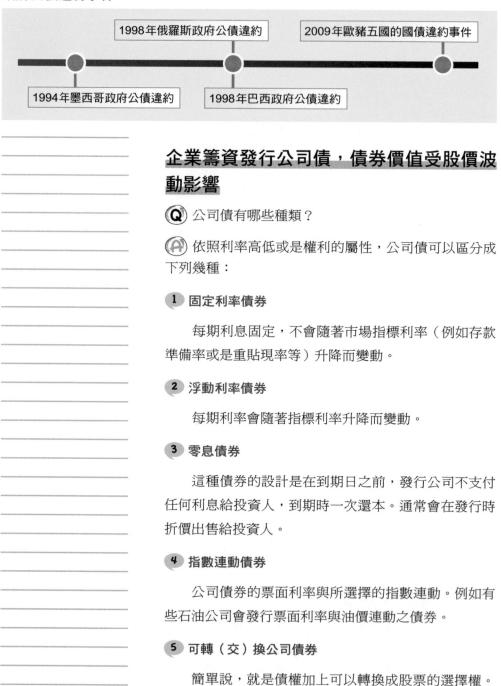

政府公債違約事件

1998年俄羅斯政府公債違約

2009年歐豬五國的國債違約事件

1994年墨西哥政府公債違約

1998年巴西政府公債違約

企業籌資發行公司債，債券價值受股價波動影響

Q 公司債有哪些種類？

A 依照利率高低或是權利的屬性，公司債可以區分成下列幾種：

1 固定利率債券

每期利息固定，不會隨著市場指標利率（例如存款準備率或是重貼現率等）升降而變動。

2 浮動利率債券

每期利率會隨著指標利率升降而變動。

3 零息債券

這種債券的設計是在到期日之前，發行公司不支付任何利息給投資人，到期時一次還本。通常會在發行時折價出售給投資人。

4 指數連動債券

公司債券的票面利率與所選擇的指數連動。例如有些石油公司會發行票面利率與油價連動之債券。

5 可轉（交）換公司債券

簡單說，就是債權加上可以轉換成股票的選擇權。

發行公司為了吸引投資人參與購債以及用較低的利率取得資金，會多設計一種權利，賦予投資人在未來一段特定時間內，可以將債券轉換成發行公司（稱為可轉換公司債券）或其他公司的股票（稱為可交換公司債券）。一經轉換，公司債即消滅。這是一種讓債權人轉換成股東的方式。

⑥ 附認股權公司債券

簡單說，就是債權加上可以額外購買股票的選擇權。擁有附認股權公司債券的投資人，可以在特定時間按照契約上約定的價格，認購一定數量的該公司股票。它跟前面的可轉（交）換公司債券不同點在於，行使完認購股票的權利之後，這個公司債仍存在，仍然可以繼續享受公司債的債息收益；不像可轉（交）換公司債券就完全消失了，全部轉成股票。

上面幾個類別，比較特殊的就是有機會把債權人身分轉換成股東身分的「可轉（交）換公司債」；如果用外幣計價的可轉換公司債，就是「海外可轉換公司債」。這個商品的好處是，如果一開始投資人擔心企業主經營的績效不好，那麼投資人只要選擇當債權人就好，按時領利息，到期時公司還本。有朝一日，企業主的經營績效好轉，投資人就多了一項權利，可以用比市價低的股價換成公司的股票，進一步成為該企業的股東，參與分享企業的經營利潤（就是可以參與公司配發股票股利或現金股利）。這就是為什麼通常可轉換公司債的利率比較低，因為它讓投資人多了一個權利，可以在未來光景好的時候轉換成為股東；而在時局不好的時候，則安安穩穩地領取固定利息收益，進可攻、退可守，因此頗受投資人青睞。

進可攻、退可守的「可轉（交）換公司債」

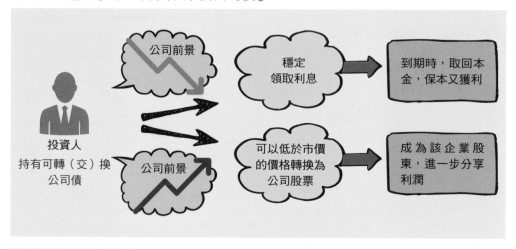

如果想要投資外國公司債和海外可轉換公司債，可以自己到海外開戶，或是在臺灣透過複委託券商委託購買（請參考同系列的《3天搞懂美股買賣》一書）。至於收益的高低則無法一概而論；一般來說，只要信用評等愈高的，利息收益會愈少，因為公司比較不容易倒，風險小，所以利息就給得少。

ECB＝公司債＋選擇權，可當債主亦可當股東

（Q）「海外可轉換公司債」有什麼特點呢？

（A）海外可轉換公司債（Euro-Convertible Bond，ECB），可以概分成兩大類。有一種是國內企業需要外幣資金，於是會選擇在海外市場發行、以外幣計價的可轉換公司債。另一種就是國外企業需要資金，在國外發行的可轉換公司債，自然也是用外幣計價的。ECB就如前段所言，是一種結合債券與股票特性的金融商品；進一步解釋，它還可視為結合「純公司債」與「選擇權」的金融商品。這是因為發行公司會給予投資者一項權利，什麼

權利呢？就是可以讓投資人在未來選擇將債券轉換為股票的權利；也就是讓自己從「債權人」轉變成為「股東」的身分。投資人通常可以在 ECB 發行後的特定期間內，依照當初契約就設定好的轉換價格或轉換比率，將公司債轉換成普通股股票，或者是該公司所發行的存託憑證。

投資 ECB 的好處

享有固定利息

投資人（債權人）享有票面利率及賣回收益率（Yield to Put，即債券到期或到期前，可以賣回給公司的收益率）的固定收益

有機會享受資本利得

發行 ECB 的企業的普通股股價上漲時，會帶動 ECB 價格上漲，投資人可選擇賣出 ECB 獲利了結，或伺機轉換成現股，再高價賣出，皆可賺取價差收益（資本利得）

價格波動性低

一般情況之下，ECB 的波動性通常不像現股股價波動那麼大

具有套利機會

當 ECB 價格經計算後，與公司現股股價出現折價時，投資人可選擇買入 ECB，同時借券放空同等數量的股票；之後再將 ECB 轉換成股票還給券商，以套取利潤。這種套利方式風險很小；利潤高低則視投資人有多快發現價差，並進場買賣。

Q 想投資海外可轉換公司債，要注意哪些條件呢？

A 由於海外可轉換公司債的發行條件不一，也就是沒有固定的商品規格，所以需要 case by case 的討論。但是，仍然有一些條件是投資人在投資之前需要留意的。

1 票面金額

沒有固定的金額，一般會在 1 萬美元以上。ECB 的發行公司會依照票面金額再乘以票面利率，去計算出該給投資人的債息、到期償還本金，以及可以轉換為多少數額的普通股。

2 票面利率

指的是投資人每年可領取多少的利息。因為可轉換公司債擁有可以將債權轉換成為股票的權利，因此，可轉換公司債的票面利率會比一般普通公司債的利率來得低；甚至票面利率為零的 ECB 都曾經發行過。

3 轉換價格

這是指投資人未來能夠將可轉換債券轉換為股票的設算價格。當股票市價大於轉換價格時，投資人就可以選擇將債券轉換為股票，再將股票賣出，賺取價差。

4 轉換溢／折價（比率）

企業在發行 ECB 時，所訂的轉換價格與普通股市價相較的比率。如果 ECB 的轉換價格比當時的普通股市價高，就稱為溢價（比率）；如果比當時的普通股市價低，就是折價（比率）。

5 保障收益率

公司有時候為了節省利息，會提前向投資人償還債息；而為了保障投資人的收益，發行公司會訂定一個「保障收益率」，包括公司贖回的殖利率，以及投資人賣回給公司的收益率。

公司贖回殖利率

通常發行公司有權利在公司債發行一段期間之後，

且在特定的條件之下（例如當初發行公司債時，市場的
利率比較高，現在市場利率在央行引導之下調降了），
可以用當初契約上約定的價格，跟投資人贖回可轉換公
司債。投資人即使面對再投資風險（就是被公司贖回後，
拿回的這一筆錢，現在只能投資在較低收益的商品，因
為市場利率走跌了），仍然必須履約。

投資人賣回收益率

投資人在持有公司債一定期間後，有權利要求發行
公司以當初合約上約定的價格買回可轉換公司債，而且
發行公司必須履約。

⑥ 轉換凍結（閉鎖）期

ECB 發行後的一段時期內，持有人不得將 ECB 轉
換成為普通股，須過了閉鎖期，才能夠執行轉換成股票
的權利。

債券基金投資門檻低，從信用評等
避開垃圾債

Ⓠ 投資海外可轉換公司債、國庫券和公債的投資門檻
比較高，還有其他方式可以間接投資這些債券嗎？

Ⓐ 一般散戶可能沒有那麼多的資金直接投資上述這些
商品；但是投資人也可以轉個方向，選擇投資債券基金，
也是個不錯的選擇。比較特別的是，一般的債券都有到
期日，但是債券基金沒有；因為在債券基金的投資組合
中，基金經理人會不斷加入新的債券組合，以提高投資
報酬率。

小額就可以進場的債券型基金，是投資新手可以選
擇的標的物。有些債權型基金還會每個月固定配息（但
是要提醒投資人，配息的來源有可能是當初投資的本

金）。投資人可以評估自己的情況，選擇單筆或是定期定額進場都可以。債券基金的種類也不少，有依照投資地區分類為：全球債券、歐洲區債券、新興市場公司債券、亞洲債券等等。也有依照幣別分類的，例如美元政府債券、美元公司債券、美元高收益債券、英鎊政府債券、英鎊公司債券、瑞士法郎債券、歐元債券等等。甚至還可以依照債息高低，有所謂的高收益債——這也是近年來在國內很風行的一樣商品。投資人可以依照自己的興趣和需求斟酌參考。

債券型基金種類

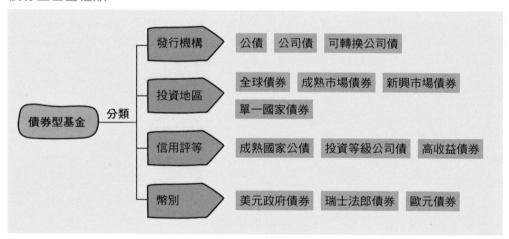

固定收益 ECB 基金績效範例

自選 基金名稱	一日%		一週%		一個月%		三個月%		六個月%		申購	
	原幣	台幣	原幣	台幣	原幣	台幣	原幣	台幣	原幣	台幣		長期績效
法巴百利達亞洲可換股債券基金/月	-0.69	-0.48	-0.91	-0.33	-0.13	1.36	1.75	2.82	4.10	7.18		
法巴百利達亞洲可換股債券基金 C	-0.69	-0.48	-0.92	-0.33	-0.13	1.36	1.75	2.81	4.09	7.18	申購	
法巴百利達亞洲可換股債券基金 N	-0.69	-0.49	-0.93	-0.34	-0.18	1.31	1.60	2.66	3.78	6.86		
瑞銀（瑞士）亞洲可轉換債券基金	0.63	0.84	-1.17	-0.59	-1.86	-0.39	1.92	2.98	1.97	5.00		
施羅德環球基金系列 - 亞洲可轉	-1.09	-1.11	-1.57	-1.55	-1.04	0.50	1.64	2.68	5.96	9.31		
施羅德環球基金系列 - 亞洲可轉	-1.10	-0.45	-1.58	-0.40	-1.07	-0.52	1.57	2.47	5.81	9.56		

資料來源：鉅亨網

高收益債券基金績效範例

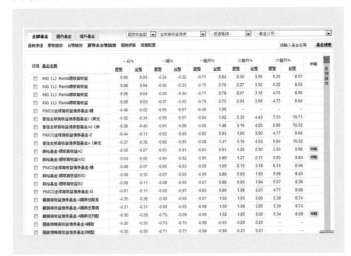

資料來源：鉅亨網

Q 大家都說投資債券風險很低，所以投資債券就沒有
風險嗎？

A 投資一定會有風險，即使是債券也會面臨投資風
險。包括：

1 利率風險

　　如果所投資的債券是固定利率的話，它的市價會隨
著市場利率的變化而漲跌。如果其他條件不變，債券價
格會與利率呈反向變化；也就是利率走升時，債券價格
將會反向下跌。

通常債券價格會與利率成反比

② 交割風險

如果不是即時交割款券的交易，而是在若干時間之後才交割，則有可能發生交易對手違約的風險。

③ 信用風險

這是最嚴重的情況，就是債券發行人付不出利息或是本金。

通常信用評等愈低的公司，發行利率就會愈高，當然風險就愈大。當信用評等較差的企業或是國家、地方政府，想要發行債券募集資金，因為付不出利息或是還不起本金的機會較高，所以投資人較有疑慮。於是，發行機構只能透過較高的利率來吸引投資人投資。

要注意的是，當發行機構的信用狀況變差時，債券價格會往下調整。投資人如果想要瞭解發行機構的信用評等情況，可以透過信用評等公司的評等級數，來瞭解發行機構的信用情況。評等愈差，違約機率就愈高；如果投資人只是因為發行機構標榜高利率就參與投資，但沒有考量到該公司被歸類是垃圾等級，表示對方付不出利息，或是到期時沒有能力償還本金的機率很高，萬一又遇到一次金融海嘯，這種完全蝕本的噩夢成真時，那可就欲哭無淚了。

投資前必做的功課

信用評等公司評級含意

信用評等公司可以幫助投資人瞭解想要投資標的信用如何，因為不同的信用評等也表示投資人將擔負的風險高低，通常信用評等愈低，投資人要承擔的風險也愈高，為了吸引投資人，發行人所會付出較高的利率。所以要投資前，通常都會建議瞭解一下其信用評等，以正確評估。

Q 信用評等是什麼？

A 在金融市場中，法人在投資之前，通常得要瞭解被投資標的「信用評等」等級，以決定要用多少價格買進。而這信用評等，就好比電影中的影評、唱片中的樂評一樣，經過金融專家透過種種模型及條件的「信評」，可以知道該標的公司或經濟體的償債能力。

Q 信評等級愈高，表示獲利機會愈大嗎？

A 「信評」可以明確點出某家公司（經濟體）或其公司債、或是某檔債券基金的「信用風險」高低。而所謂的「信用風險」，簡單說就是「違約」、「倒債」、無法償還債務的機率高低。因此，信評報告所告訴我們的，只是「風險程度」，而非分析個別公司或經濟體的「投資獲利機會」。

如此說來，「信評」與「影評」倒是有某些共通性。我們往往會聽到或看到某個影評大力推薦某部電影具有高度藝術價值，且可能在影展中得到大獎；但這種片子有時卻沒什麼「娛樂性」，反倒會讓觀眾看了昏昏欲睡。

而獲得較高信用評等者，也只能確定是個財務無虞、前景穩定的投資標的，並不代表它在短期內就可以讓投資人有可觀的獲利空間──投資人在買進該標的之後，短期間可能沒有什麼刺激感或「娛樂性」。

Q 那麼，「信評」的價值何在？

A 由於資產管理業者的投資組合，首重流動性與安全性；因此，「信評」被用來作為法人認購公司債或銀行評估借款風險的依據。然而除了債券型基金的投資標的依規定必須要有一定的信評等級之外，對於股票型基金經理人來說，投資標的的信用評等也是不可或缺的參考依據。

因此，對於一般投資人而言，如果理解信用評等的意義，在投資之前，藉由檢閱標的公司的評等結果，可以迅速且客觀地決定該公司的風險指標是否符合個人的理財屬性。

看懂信用評等

(Q) 如何解讀信用評等？

(A) 解讀信用評等的重點，可分為「評等」及「展望」兩個層面來討論。

💰 「評等」

在「評等」部分，不同的信評公司有不同的等級代號。

而一家企業的信用評等，又可分為「長期」及「短期」。在信用評等公司（如中華信評）的定義中，長期是指一年以上——評估企業一年以上的信用風險程度；短期評等則適用於一年以內的期間。長期評等共分為 11 級，評等最佳者為 AAA 等級，代表該債務人相較於其他債務人，具有極強的履行財務承諾的能力。其他等級及說明詳如右頁附表。

💰 「展望」

信評公司在給予評等之後，還會持續地對這些標的公司追蹤其財務狀況，陸續發表「評等展望」報告。所謂「評等展望」，包含「正向」、「負向」、「穩定」與「持續觀察」等四種，這些意義主要在於點明未來該公司信用評等的可能調整方向。通常在個別企業基本面，或所屬產業結構出現某些消息或變化時，分析師就會主動著手研究，評估事件變化對個股未來評等的影響狀況。

實例

如果看到一家電子公司的評等展望，由原本的「穩定」調升為「正向」，我們就要去關注其報告中，對於該電子公司所屬的次產業生態如何？該公司是否面臨價格競爭？又如何因應產品週期短以及技術演進快速等因素？調升的因素是什麼？是產能規模較大？還是創新能力？有持續不斷推出較同業高階產品的能力嗎？有無充分的數據加以佐證？

(Q) 評等變動有什麼影響？

(A) 假設有某一個國家或經濟體被調降評等，未來發行公債的成本勢必會墊高（反映該國家或經濟體比較有可能違約的事實）。於是，在該經濟體掛牌上市的公司也會連帶因為籌資成本升高、侵蝕獲利，使其股價有下跌的壓力。

而被調降評等之後，除了債市成本提高以及上市公司獲利有可能衰減之外；還有另一個需要注意的，就是有某些長線資金有可能被抽離。例如，有些政府基金或資產管理公司所管理的共同基金（例如退休金專戶），只能投資在 AAA 等級的標的，

一旦國家主權債信被調降了，這些龐大的資金部位將礙於規定而被迫抽離該國家。一旦資金被抽離，金融市場失去動能，恐怕股、債市要漲也難如登天了。

重點 信評指標與信評報告終究不是一種投資建議，也絕對不是讓你在資本市場上可以短期獲利的明牌。然而它卻可以從風險的角度，提供給投資人立於不敗之地的參考。如果可以先求不敗，將來獲勝機率自然就會大大提高。

標準普爾、穆迪、惠譽國際的信用等級符號

標準普爾		穆迪		惠譽國際	
長期債	短期債	長期債	短期債	長期債	短期債
AAA	A-1+	Aaa	P-1	AAA	F1+
AA+	A-1+	Aa1	P-1	AA+	F1+
AA	A-1+	Aa2	P-1	AA	F1+
AA-	A-1+	Aa3	P-1	AA-	F1+
A+	A-1	A1	P-1	A+	F1+
A	A-1	A2	P-1	A	F1
A-	A-2	A3	P-2	A-	F1
BBB+	A-2	Baa1	P-2	BBB+	F2
BBB	A-2/A-3	Baa2	P-2/P-3	BBB	F2
BBB-	A-3	Baa3	P-3	BBB-	F2/F3
BB+	B	Ba1		BB+	F3
BB	B	Ba2		BB	B
BB-	B	Ba3		BB-	B
B+	B	B1		B+	B
B	B	B2		B	C
B-	B	B3		B-	C
CCC+	C	Caa1		CCC+	C
CCC	C	Caa2		CCC	C
CCC-	C	Caa3		CCC-	C
CC	C	Ca		CC	C
C	C	C		C	C

開戶＋費用＋交易時間

知道市場上的外匯商品之後，投資人也心動了想要進場，那要如何開戶呢？每種外幣商品的開戶手續、交易費用和最低投資額度門檻不一，投資人可以依照本身的情況，選擇適合自己的投資方式進入外幣投資市場。

單元重點

- 開立不同外幣帳戶的差異與條件
- 不同投資商品與方式的相關費用

外匯入門款，開外幣活存／定存戶頭

Q 如果我想從外幣活存和定存這兩個方式入門，該如何開戶呢？

A 開外幣戶頭所需要的證件，各銀行或券商都相同。只是開戶之後必須先存一點點金額，活存叫做「起息額」，定存叫做「起存額」，有的券商只要投資人在開戶時存入 100 美元，或是和 100 美元等值的外幣就可以了；但是有的券商會因為存入的幣別不同，起息額和起存額的存入門檻因而會有所差異。

外幣活存和外幣綜合存款這兩者，適合想投資外幣保單、外幣計價基金及其他外幣計價投資產品的投資人，只要在金融機構扣款前自行挑選時間換匯，就可以掌握到較低匯率的時機。

外幣開戶的對象與所需證件

對象	所需證件
本國自然人	身分證（未成年人需另攜戶口名簿或戶籍謄本）＋第二身分證明文件＋印鑑
外國自然人	居留證或護照，以及中華民國統一證號

對象	所需證件
本國公司	經濟部核發的公司設立變更登記表、公司登記資料查詢結果、負責人身分證明文件；分公司加徵提總公司的設立變更登記表、總公司負責人的身分證明文件及總公司的授權書（依法在台設立的外國分公司不在此限）
外國公司	法人登記證明文件、負責人身分證明、公司章程、董事名冊、董事會決議錄、繳交年費證明或公司存續證明、法人出具在台代表人或代理人的授權書，及各地區國稅局所核發的扣繳統一編號＋第二身分證明文件＋印鑑

外幣活存開戶的各項條件

項目	條件
最低存款（起息額）	1. 依幣別不同，金額門檻不同，各銀行條件也不同。有的 100 美元起跳。 2. 有的依幣別不同，起息額門檻不一。例如：500 美元、750 紐幣、1000 元港幣、1 萬日圓……等。
外幣計息方式	存款餘額 × 利率 × 實際存入天數 ÷ 一年天數 外幣活存牌告利率依照各銀行外幣存款利率表
帳戶限制	不得轉讓或質押
風險說明	1. 外幣投資及外幣存款可能產生收益或損失，客戶應自行承擔各項有關外匯兌換限制及損失等風險（包括但不限於價格、匯率、政治、國家的風險）。 2. 客戶將領回所投資的外幣兌換為新臺幣或其他外幣時，最大可能損失為全部本金及利息。

（參考各家銀行整理而成）

外幣定存開戶的各項條件

項目	條件
最低存款（起存額）	1. 依幣別不同，金額門檻不同，各銀行條件也不同。有的 1000 美元起跳。 2. 有的依幣別門檻不一。例如：2000 美元、5000 人民幣、1 萬紐幣、1 萬元港幣、10 萬日圓……
承作天期	1. 美元、人民幣、歐元：1 週、2 週、3 週、1～12 個月。 2. 其他外幣：1～12 個月。 3. 可配合投資人資金調度需要，只要存款期間超過 7 天，均可自行指定存款到期日。

項目	條件
外幣計息方式	定存金額 × 固定利率 × 實際存入天數 ÷ 一年天（依國際慣例訂定）
外幣定存利息處理方式	1. 定存到期時，轉入同幣別的外幣活存帳戶。 2. 定存到期時，轉入本金並自動續存。 3. 每月結算並轉入同幣別的外幣活存帳戶。
中途解約	1. 以等同實際承作天期之相同幣別定存牌告固定利率打 8 折計息。 2. 定期存款中途解約後，存期未滿一個月不予計息。
帳戶限制	存單可當授信擔保品（銀行保留核准權）或外匯操作的保證金。
風險說明	1. 外幣投資及外幣存款可能產生收益或損失，客戶應自行承擔各項有關外匯兌換限制及損失等風險（包括但不限於價格、匯率、政治、國家的風險）。 2. 客戶將領回所投資的外幣兌換為新臺幣或其他外幣時，最大可能損失為全部本金及利息。

（參考各家銀行整理而成）

外幣綜合存款開戶的各項條件

項目	條件
外幣計息方式	存款餘額 × 利率 × 實際存入天數 ÷ 一年天數（依國際慣例訂定） 若開立定期存款帳戶，同外幣定期存款計息方式。
功能	結合活存、定存、多幣別、質借。
最低存款（起息額，同活存）	1. 依幣別不同，金額門檻不同，各銀行條件也不同。有的 100 美元起跳。 2. 有的依幣別不同，起息額門檻不一。例如：500 美元、750 紐幣、1000 元港幣、1 萬日圓……
帳戶限制	活存帳戶不得轉讓或質押。
風險說明	1. 外幣投資及外幣存款可能產生收益或損失，客戶應自行承擔各項有關外匯兌換限制及損失等風險（包括但不限於價格、匯率、政治、國家的風險）。 2. 客戶將領回所投資的外幣兌換為新臺幣或其他外幣時，最大可能損失為全部本金及利息。

（參考各家銀行整理而成）

國內券商操作外匯期權，須加開複委託帳戶

Q 如果透過複委託券商開戶，需要什麼資料？

A 有了外幣帳戶之後，如果要透過國內券商複委託交易遠期外匯、外匯期貨、外匯選擇權等，投資人還需要開立複委託帳戶。必須攜帶身分證正本、第二身分證件正本及印章。最重要的是，投資人一定要到分公司親自辦理開戶。開戶之後，投資人可以透過電話由專人下單，或者是透過複委託券商官方網站下單。只是，交易前必須先確認好交割款項、權利金或是保證金夠不夠？因為如果要投資外幣商品，證券帳戶必須是足額才能交易。

Q 交易成功之後，交割流程大約會多久？

A 如果是在 T 日委託買進，T+1 日成交，T+2 日扣款。如果是在 T 日賣出，T+1 日成交，扣款日（T+2 日）後第三個營業日（T+5）早上，複委託券商會將賣股所得的金額，匯入客戶帳戶。

觀念速解

T+5

T+2+2 為什麼不是 T+4？因為跨國匯款多一天才匯到券商帳戶，故為「T+5」

複委託帳戶的開立、準備與交割

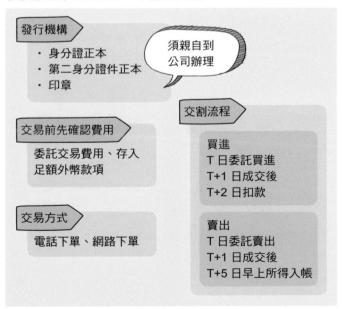

發行機構
・身分證正本
・第二身分證件正本
・印章

須親自到公司辦理

交易前先確認費用
委託交易費用、存入足額外幣款項

交割流程

買進
T 日委託買進
T+1 日成交後
T+2 日扣款

交易方式
電話下單、網路下單

賣出
T 日委託賣出
T+1 日成交後
T+5 日早上所得入帳

Q 透過國內複委託券商交易美股的話，手續費用怎麼計算？

A 國內複委託券商繁多，各家收取的費用不一，網路下單和人工下單的費用也不同，手續費用最低通常在 40 美元左右。

券商	人工下單	網路下單
元大寶來	每股 1 美元，手續費最低 50 美元	交易價之 0.5%，手續費最低 35 美元
凱基	手續費為成交金額的 1% 最低手續費 39.95 美元	手續費為成交金額的 0.5% 最低手續費 39.9 美元
永豐	手續費為成交金額的 1% 最低手續費 39.95 美元	手續費為成交金額的 1% 最低手續費 100 美元
群益	最低 50 美元	最低 35 美元
日盛	最低 100 美元 5 萬美元以下收取 1% 5 萬～ 10 萬美元收取 0.85% 10 萬～ 50 萬美元收取 0.75% 50 萬美元收取 0.7%	交易價之 0.5%，最低 USD $ 37.9
華南永昌	1.00% / 最低收費 70 美元	0.50% / 最低收費 35 美元

※ 僅列舉部分券商交易手續費，實際費用以各大券商公告為主。

　　至於外匯期貨與外匯選擇權的最低交易金額，以及保證金或權利金費用收取的方式，則是依據各個商品的規格而有所不同。

美國選擇權保證金收費方式

部位狀況	保證金計收方式	備註
買進 call 買進 put	無	
賣出 call	MAX（原始保證金－ 1/2 價外值，1/2	1.call 價外值： MAXIMUM（履約價格 - 標的指數價格）× 契約乘數
	原始保證金）＋ 權利金市值	2.put 價外值： MAXIMUM(標的指數價格 - 履約價格)× 契約乘數

※ 資料來源：華南期貨

美國商品合約規格

商品種類 / 代號	合約數量	最小跳動值	交易月分	本地交易時間
30 年債券（US）	100,000 美元	1/32 點 =31.25 美元	3, 6, 9, 12	人工交易： 20:20 ～次日 03:00
10 年國庫券（TY）	100,000 美元	0.5/32 點 = 15.625 美元	3, 6, 9, 12	
5 年國庫券（FV）	100,000 美元	1/128 點 =7.8125 美元	3, 6, 9, 12	電子交易： 06:00 ～次日 05:00
2 年國庫券（TU）	200,000 美元	1/128 點 =15.625 美元	3, 6, 9, 12	
小麥（W）	5,000 蒲式耳	0.25 美分 / 蒲式耳 =12.5 美元	3, 5, 7, 9, 12	人工交易： 21:30 ～次日 02:15
玉米（C）	5,000 蒲式耳	0.25 美分 / 蒲式耳 =12.5 美元	3, 5, 7, 9, 12	
燕麥（O）	5,000 蒲式耳	0.25 美分 / 蒲式耳 =12.5 美元	3, 5, 7, 9, 12	
黃豆（S）	5,000 蒲式耳	0.25 美分 / 蒲式耳 =12.5 美元	1, 3, 5, 7, 8, 9, 11	電子交易： 08:00 ～ 20:45 & 21:30 ～次日 02:15
黃豆油（BO）	60,000 磅	0.01 美分 / 磅 =6 美元	1,3,5,7,8, 9,10,12	
黃豆粉（SM）	100 噸	10 美分 / 噸 =10 美元	1,3,5,7,8, 9,10,12	
小型玉米（YC）	1,000 蒲式耳	0.125 美分 / 蒲式耳 =1.25 美元	3,5,7,9,12	人工交易： 21:30 ～次日 02:45
小型黃豆（YK）	1,000 蒲式耳	0.125 美分 / 蒲式耳 =1.25 美元	1,3,5,7,8,9,11	電子交易： 08:00-20:45 & 21:30 ～次日 02:45
粗米（RR）	2,000 英擔	0.5 美分 / 英擔 =10 美元	1,3,5,7,9,11	人工交易： 21:30 ～次日 02:15 電子交易： 08:00 ～ 20:45 & 21:30 ～次日 02:15
道瓊工業股價指數 （DJ）	DJ 指數 x 10 美元	1 點 =10 美元	3, 6, 9, 12	人工交易： 21:30 ～次日 4:15 電子交易： 週一至週五 06:00 ～ 21:15 次日 04:30 ～ 05:15

※ 資料來源：華南金控，華南期貨

自己上網在海外券商開戶，證件須先傳真後寄送

Q 如果我想要參與美股，該怎麼申請開戶？

A 這可以分成兩種方式，一種是「直接」，另一種是「間接」。「直接開戶」是透過網路開戶，例如史考特（Scottrade）、億創理財（E*trade）、嘉信理財（Charles Schwab）……等海外券商的網站開戶；或者是透過在臺灣的外資銀行、外資券商辦理開戶。「間接開戶」是指，臺灣投資人先經過臺灣的券商，然後再經由美國券商開戶；因為透過兩個券商開戶與下單，所以就叫做「複委託」。

Q 如果我想省下手續費，選擇透過網路交易美股，自行跟海外券商開戶、下單，我該怎麼做呢？

A 目前比較知名的海外券商，像是史考特（Scottrade）、億創理財（E*trade）、嘉信理財（Charles Schwab）等。有的已經有中文介面，而且開放給中國大陸、臺灣和港澳地區的居民線上開戶，投資人只要挑一家去開戶就好；在網頁上也有圖文說明，新手不用擔心，只要備齊文件，跟著說明一步步操作就可以了。

但要特別注意的是，如果同一年度在美國居住超過183天以上，就不符合申請國際帳戶的資格。但持有 F, J, M, Q 簽證的暫時居民，則是可具備申請國際帳戶的資格。另外，基於安全考量，如果在網頁上靜置超過10分鐘，將被系統自動登出，就必須重新填寫表格。

重點 在海外券商開戶，可透過「直接」、「間接開戶」兩種方式。透過網路交易還能省手續費。

投資美股的開戶方式

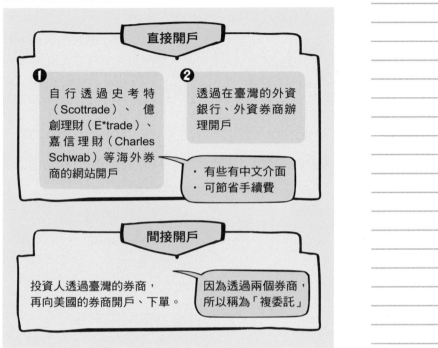

直接開戶

❶ 自行透過史考特（Scottrade）、億創理財（E*trade）、嘉信理財（Charles Schwab）等海外券商的網站開戶

❷ 透過在臺灣的外資銀行、外資券商辦理開戶

・ 有些有中文介面
・ 可節省手續費

間接開戶

投資人透過臺灣的券商，再向美國的券商開戶、下單。

因為透過兩個券商，所以稱為「複委託」

實例

一、所需文件

非美國居民經濟帳戶申請表

共二頁，都是中文，須於最近 90 天填妥並簽名。因為投資人不是美國居民，必須同時填寫這份資料以及 W-8BEN 表格，這樣才能節稅。

W-8BEN 表

　　適用於非美國人士，須於最近 90 天填妥並簽名。為因應美國稅法，凡是不具美國公民身分之交易美國有價證券投資人，必須填寫 W8-BEN 表格，並附上個人護照影本（若為法人戶，請附上負責人之個人護照影本）。這張表格就是代表不需繳納資本利得等相關稅負的文件。

* 第一部分：帳戶持有人資料

第一欄：姓名。

第三欄：勾選「individual」個人選項。

第四欄：填寫永久住址。

第五欄：通訊住址。如果投資人非美國居民，但是可能因為公務或是私人因素，正好居住在美國，所填寫的地址是美國地址的話，必須提交護照或身分證影本、W-8 美國通訊地址說明表、原居住國的居住證明。例如：半年內的水費、電費、瓦斯費帳等。

第六欄：美國稅籍編號，如果沒有可以不用填寫。

第七欄：外國稅籍編號，此欄可不填。

第八欄：如果先前有同一家公司證券帳號，請寫出先前所持有的帳號號碼。

* 最後的部分：表格最下方是「帳戶持有人簽名」以及「日期」。

客戶身分證明文件

提交兩份優先文件，其中一份必須是有效護照或身分證影本。

若優先文件上含有地址，但是與經紀帳戶申請表上的地址不符，則須另外提交一份含有目前地址的替代文件。如僅提交一份優先文件，則須再提交兩份替代文件。其中至少有一份替代文件上的地址，與經紀帳戶申請表上的地址需相符。

國際帳戶證明文件	
優先文件	● 護照 ● 國家核發之身分證 ● 駕照 ● 戶籍謄本
替代文件 （所有替代文件必須含有帳戶申請人的姓名和住址，並且是最近六個月發出的文件，稅單可使用最近一年核發的文件）	● 銀行或信用卡帳單 ● 家用水電瓦斯費帳單或稅單 ● 銀行出具之證明文件 ● 雇主出具之證明文件 ● 居委會出具之證明文件 ● 管理費帳單 ● 手機或付費電視帳單 ● 由政府出具之信件 ● 與銀行、強制性公積金（MPF）及保險公司等之通信文件

二、遞交開戶文件

1. 可先傳真或電郵所有文件至海外券商服務部，以免因資料不全而延遲開戶作業時間。

2. 文件齊全並審查合格後，券商會先行將帳戶開通並通知帳戶號碼。

3. 儘快將表格原件及文件影本依下列地址寄至海外券商辦公處，以完成開戶手續（W-8BEN 表格的原

件收到前，帳戶不能做交易）。因為開戶需要證件，所以在網路開戶之後，投資人先傳真或 E-mail 文件過去，讓券商預先審核資料，進行開戶；但是投資人還是需要再把實體文件裝好，整封寄過去，畢竟券商還是需要檢視證件。

三、存入資金

開戶後一個月內必須匯入資金，現金帳戶最低為 500 美元，融資融券帳戶最低為 2000 美元。該怎麼匯款呢？

1. 如果投資人在美國沒有銀行帳戶，可以從臺灣的銀行電匯資金到海外券商證券戶頭裡。

2. 如果投資人本來在美國就有銀行帳戶，可以直接從美國境內匯款至海外券商證券戶頭裡。

3. 如果你原本已經有海外證券帳戶，轉換到另一家，還可以享有 100 美元的優惠。

除了美股之外，如果投資人想透過海外券商交易期貨或是選擇權的話，還必須再完成「期權帳戶合約書」以及「經紀帳戶合約書」，才能夠交易期貨和選擇權。透過國內複委託的外匯交易，多數只有限於美、日、港、星和中國大陸等國。

但是如果開期貨戶頭，可以交易到更多國家的商品，尤其在美國開期貨戶頭，交易的商品種類就更多元化了。

先存入股金才能交易，手續費 7 美元起跳

Q 如何自行下單進行美股買賣？

A 投資人可以先審視過美股的現價之後，點選「交易」的頁面，就會出現「股票訂單輸入」，然後選擇「買進」或是「賣出」，接著輸入「股票代號」，如果不知道代號的話，旁邊有個「查詢代號」的小框框可以幫忙查詢。最後輸入你限定的價格就可以了。

圖片來源：華南永昌證券

複委託券商收費貴，適合長期投資人

Q 透過海外券商自行交易，或是透過複委託券商交易，各有什麼優點？

A 透過複委託最大的好處，就是投資人可以得到美股的研究報告。目前臺灣大型的金控公司都有複委託的業務，他們多半都編制有研究團隊、提供即時行情。也因為美國和臺灣交易時間是晝夜顛倒的，有些臺灣券商還有值班人員盯盤和提供隨時改單的服務；因此，比較謹慎或是投資經驗比較少的投資人，大多偏好複委託的方式。但是，透過複委託券商下單，買和賣都要收手續費，

透過外資券商來買賣美國股票

公司	網址	專人下單
美林證券	www.ml.com/	●投資金額最低為 25 萬美元。 ●手續費由股數及股價經過計算來界定，交易金額愈低、手續費比例愈高。 ●下單時間為臺灣券商之營業時間，但提供顧客一免費電話，可於盤中與新加坡之 night trader（夜間交易員）直接聯繫。 ●有提供理財諮詢與顧問。
摩根史坦利證券	www.morganstanley.com/online	●手續費為交易金額之 1%，最低為 100 美元。 ●可夜間下單，與美國股市同步。 ●有提供理財諮詢與顧問。
保德信證券	www.prudential.com/	●交易金額 3 萬美元以上，手續費為 1%。 ●交易金額 3 萬美元以下，則手續費最高達 1.75%。 ●下單時間為臺灣券商之營業時間，屬盤前交易。 ●投資金額最低為 25 萬美元。 ●有提供理財諮詢與顧問。
英商華寶證券	www.ubswarburg.com	●手續費為交易金額之 0.75%，最低 100 美元，另收每筆交易費 60 美元。 ●下單時間為臺灣券商之營業時間。 ●投資金額最低為 50 萬美元。 ●有提供理財諮詢與顧問。

※ 實際收費情況，以各證券公司公告內容為主。

不同交易方式的比較

透過複委託券商交易	透過海外券商自行交易
投資人可獲得美股研究報告	若需更積極的資訊，須自行蒐集
大型金控多有研究團隊，可提供即時行情	國內財經網站，如 PChome、鉅亨網等，也能找到相關資訊
券商有人值班盯盤，可隨時改單	開戶與網路自行下單都很方便
買賣都要手續費，一次約 40 美元，壓縮利潤	手續費很便宜，可以省下很多錢
適合謹慎、投資經驗少、偏愛長期投資的投資人	適合有投資基礎、擅短進短出的投資人

透過外資券商買賣外匯商品的費用

交易種類	手續費			
股票	網上交易：$7 電話通（IVR）電話系統：$32 經紀人協助下單：$32			
期權（股票、指數或 ETF）	網上交易：$7 ＋ $1.25（每個合約） 電話通（IVR）電話系統：$32 ＋ $1.25（每個合約） 經紀人協助下單：$32 ＋ $1.25（每個合約） 期權執行和指派：$17			
ETF（Exchange-Traded Funds）── 所有訂單類型	網上交易：$7 電話通（IVR）電話系統：$32 經紀人協助下單：$32			
共同基金		買入	賣出	交易
	無交易費基金（NTF）基金	無	無	無
	（No-Load）（不在 NTF 計畫）	$17	$17	$17
	有銷售費基金（Load）無費	無	$17	$17
非美股之外國股票	轉出或轉進：$60（每筆交易） 存入：$250（每個憑證） 發放憑證：$250（每個憑證）			

※ 資料來源：Scottrade 史考特證券；實際收費情況，以各證券公司公告內容為主。

一次大約 40 美元，投資美股的交易價差得漲過交易的手續費，才是有利可圖。如果是偏愛長期投資的投資人，就可以考慮選擇複委託券商。

透過海外券商下單美股的好處，包括：開戶有中文介面、交易費很便宜、網路自行下單也方便。雖然海外券商有時候也會提供中文版本的研究報告，但如果要積極一點，蒐集資訊還是要自己來；另外，在國內財經網站，例如 PChome、鉅亨網等，也可以找到相關訊息，因此適合短進短出、有投資基礎的投資人，在交易費上可以省下很多錢。

第3天

外幣資產配置規劃

如果投資人持有外幣的現金，或者打算投資基金或固定收益商品，該如何規劃做好資產配置呢？一般說來，「三二一配置」是多數投資人採用的方式。30% 當作是日常的生活費，剩下的 70% 再拿來投資，至於這 70% 的金額，穩健型的投資人會一半規劃為保守的理財方式，例如外幣存款；另一半則是規劃較為積極的投資項目，例如基金、期貨、雙元貨幣等等。投資人可以視自己可承擔的投資風險來配置投資比重。

 第1小時　攻守兼備，外幣資產配置方式

 第2小時　各國匯率制度與價量關係

 第3小時　利用突發事件，抓住短期波動

 第4小時　透過技術分析，用線圖輔助確認

攻守兼備，
外幣資產配置方式

匯率是外幣投資的最大風險，投資首重保本。

單元
重點

- 瞭解外幣的特色
- 投資外幣的管道

投資外幣前的準備工作

Q 投資外幣時，應考量的因素有哪些呢？

A 只要是投資一定有風險，高報酬必然伴隨著高風險。所以在投資前，必須先瞭解自己是屬於哪一種投資性格，能夠承受的風險有多大？這個都是投資前必須考量的。

Step 1 瞭解自己的投資屬性與風險承受度

首先，投資人要先瞭解自己的投資屬性以及可以承受的風險範圍。我們先來做一個簡單的測驗。

請依照自己的情況，選擇最符合自己狀況的選項（單選）。選好後，再從以下的說明對應是哪種屬性的投資人。

問題	描述
1	尋求長期投資報酬的最大化，因此可以承擔短期市場較大的價格波動。
2	雖然注重投資報酬率，但是只能承擔一些短期風險
3	市場價格波動與投資報酬率同樣重要。
4	希望求穩定，能承受的市場波動小，投資報酬率低一點沒關係。
5	寧可零報酬，也不希望資產虧損。

【說明】
從❶到❺的選項，依選項說明如下：
如果你選擇1，屬於積極型的投資人；如果你的選項是2或3，投資屬性則是穩健型投資人；如果你選擇的是4或5，就是屬於風險承受度較低的保守型投資人。

Step 2 掌握投資環境多空走勢

投資人要瞭解所要投資的環境目前是多頭還是空頭走勢？多頭有多頭的操作方式，空頭有空頭的操作方式。投資人如果連大環境的氛圍都不清楚，更遑論想靠投資致富了。

Step 3 選擇投資幣別

掌握目前的投資市場的多空走勢後，接下來則是選擇要投資哪一種幣別。各種幣別的風險不一，甚至有些幣別之間具有高度的連動性。除此之外，一國的利率、物價指數以及經濟發展的變化，都會影響匯率的變動，投資人最好要清楚影響該貨幣的主要波動因素有哪些，才能夠知所進退。

一次掌握主要外幣特色

Q 不同貨幣各有特色，那麼主要貨幣有哪些特殊之處嗎？

A 外幣市場以二分法來說，可以區分成美元區塊和非美元區塊，貨幣走向是漲跌互見，沒有絕對的長多或長空。我們可以簡單的概述以下貨幣的特色：

主要外幣 1　美元

對於新臺幣來說，美元的匯差最小，使用率最高，波動最小。新臺幣的波動通常也會隨著美元起伏，再加上美國政府持續實施寬鬆的貨幣政策，因此，美元持續維持很長一段時間低利率的情況將是可預見的。

美元　特色　對新臺幣而言：
●匯差最小　●使用率最高　●波動最小

主要外幣 2　歐元和英鎊

　　雖然飽受歐債危機的困擾，使歐元蒙上陰影，但不可否認的是，歐元在國際貨幣上的地位不墜，僅次於美元；但它的匯差和波動程度要比美元高。此外，同為歐洲地區的英鎊，匯差雖然和歐元差不多，但是波動程度比歐元高，而且和歐元有很高的連動關係。

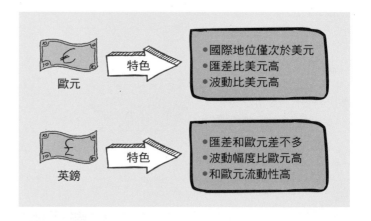

主要外幣 3　瑞士法郎

　　同屬歐洲地區的瑞士法郎，因為瑞士是中立國的關係，波動情況比歐元和英鎊小。尤其瑞士法郎有避險貨幣的俗稱，當美元或是國際股市走強時，瑞士法郎的幣值就會走弱；相反地，當美元或是國際股市走弱時，瑞士法郎反而走強。充分顯現出避險貨幣的特質。

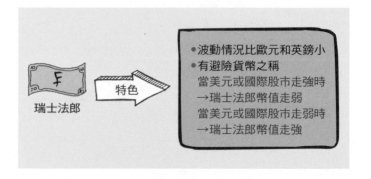

主要外幣 4　日圓

　　由於日本持續維持低利率的環境，因此，這幾年來，日圓常常和國際股市呈現反方向走勢。當股市表現好，就會有大量的日圓被借出（因為利率低，資金成本也較低），隨後投入股市，或直接存在利率相對較高的幣別；於是，當國際股市走強，或有其他國家升息（例如 2014 年 3 月紐西蘭開始啟動升息循環），日圓反而會下跌。相反地，當國際股市走弱，無利可圖，就比較不會有人想借日圓再投資，甚至於會歸還之前從日本銀行借出的日圓，此時的日圓就會上漲。這種借低息貨幣去操作高息貨幣（股市）的投資方式，又被稱作「套利交易」（carry trade）。

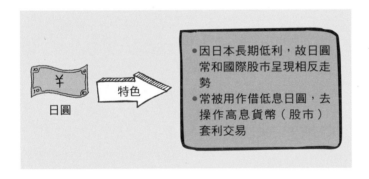

主要外幣 5　港幣

　　港幣和新臺幣一樣，匯率緊盯美元，因此漲跌和美元的相關性極大，波動性也接近一致。

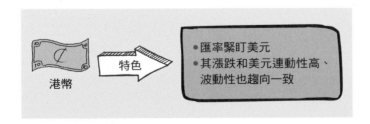

主要外幣6　加幣、澳幣和紐幣

　　加拿大、澳洲和紐西蘭，這三國天然資源豐富，因此被視為原物料貨幣的代表，又被稱為「商品貨幣」；看好原物料市場的投資人都相當關注這三國貨幣的走勢。這三國貨幣的走勢通常會與美元走勢成反向。尤其澳幣和紐幣的定存年利率較高，不只是國際熱錢會追逐，連一般散戶也會選此當作投資標的。但如果以這三國的匯率波動度來說，紐幣最大，澳幣次之，加幣最小；投資人要特別注意，以免因為匯率波動過大，以為賺到利息，結果卻賠掉匯差。

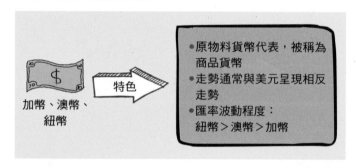

加幣、澳幣、
紐幣　　　特色
● 原物料貨幣代表，被稱為商品貨幣
● 走勢通常與美元呈現相反走勢
● 匯率波動程度：紐幣＞澳幣＞加幣

主要外幣7　南非幣

　　在金價受到全球注目的同時，南非幣也成為新興的投資標的。因為南非盛產黃金，因此南非幣和金價有著高度相關的連動性。南非幣和加幣、澳幣和紐幣一樣，同屬高利息貨幣，但它的匯率波動度比紐、澳、加幣更甚，即使是放在外幣存款，投資人也必須經常留意其波動性。

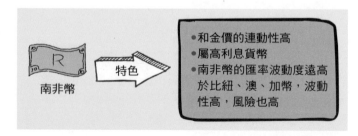

南非幣　　　特色
● 和金價的連動性高
● 屬高利息貨幣
● 南非幣的匯率波動度遠高於比紐、澳、加幣，波動性高，風險也高

布局外幣，留意美元區與非美元區，做好避險配套

Q 在美元趨貶的趨勢下，各主要外幣的走勢大致如何？

A 先前提到外匯市場有分美元區和非美元區，不過，大部分的外匯商品都是以美元計價，因此，投資人不僅要注意美元的動態，也要關注非美元幣別的變化，作為調節避險的工具。

觀察原物料、大宗物資商品走勢，關心相關商品貨幣

當原物料、大宗物資等商品價格持續飆漲時，有高度連動關係的澳幣、紐幣是值得關注的焦點；尤其澳幣還有能源題材作為支撐，不但該國的利率通常較高，可以享有高利息，另外，也因為經濟成長率較高，容易吸引外資流入該國的資本市場，所以還有機會賺到升值的匯兌收益。

人民幣走勢可關心，南非幣注意波動性

至於中國大陸方面，新的領導班底確立之後，自由經濟的方向明確；加上打算把人民幣推上國際舞台的意圖強烈，因此，人民幣的走勢易升難貶。不過，因為人民幣的漲跌和中國擔憂的通貨膨脹率有緊密的關係，因此人民幣雖然看漲，但漲幅可能有限。至於南非幣，雖然有黃金題材，但是因為政局不穩定，成為匯價波動的重大變素之一，投資人必須小心注意。

不同風險承受度的投資人，這樣布局

Q 保守型的投資人和穩健型的投資人，要如何布局？

A 在瞭解各種幣別的特性之後，投資人可以根據這些

特性進行投資，也可以參考歷史匯率以推估匯價的高低點，避免在高點時買入，住進高檔套房。例如投資人在 2011 年買進澳幣，當時澳幣比美元為 1.1：1，投資人很有可能因此就住進套房了。

💰 低風險承受度投資人，可布局波動幅度低的貨幣

外幣投資最大的風險在於匯兌，因此進出點就顯得相對重要。一般來說，外幣存款和外幣基金是風險較低的投資方式，不過，由於每一種外幣的歷史波動大小不一，因此，投資人在選擇投資外幣的時候，如果希望穩定一點，只想賺利息，可以選擇波動幅度較小的外幣。保守型的理財者，可以將外幣定存作為資產配置的主要配備；但為了避免匯率的風險吃掉利息，像是紐、澳、南非幣此類高利息貨幣，就不適合占太高的比例。至於外幣基金的部分，保守型的投資人可以選擇債券型基金，以求保本。

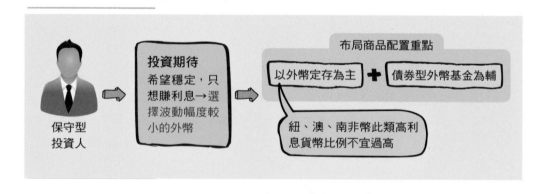

💰 穩健型投資人可選波動性較大外幣＋外幣基金

至於期望可以領到利息，還想賺到匯差的穩健型投資人，就可以選擇波動幅度比較大的外幣，然後再配合外幣基金同時進行操作。此時，紐、澳、南非幣等高

利息貨幣，投資比例就可以提高；而外幣基金的部分，股票型或新興市場型基金的投資風險和績效波動也比較大，也有機會獲得較大的利益。尤其是當你看對匯率趨勢的話，可以同時賺到匯差收益和利息，加總起來，報酬率也不會輸給其他積極投資工具。

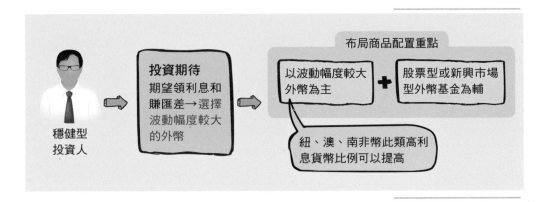

積極型投資人可選擇風險較高的期貨、選擇權商品

槓桿操作倍數較大的期貨、選擇權、雙元貨幣、保證金交易等等，雖然風險較高，相對地投資收益也有機會較大，因此也比較受積極型的投資人青睞。不過，為了保險起見，最好還是搭配外幣存款或是外幣基金一起操作，以降低風險。

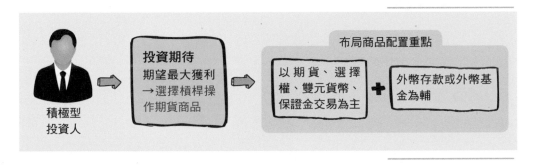

認識外幣投資管道與交易市場

Q 投資外幣的管道和資訊有哪些？

A 在瞭解自己的投資屬性，明白了主要外幣的特色，並大致掌握在不同的提資性格下可以規劃的外幣投資資產配置，接著就可以開始研究實際操作外幣時，外幣的投資管道與相關資訊。

一般來說，投資外幣的主要管道有三，分別說明如下：

管道1 銀行

可以投資外幣的主要管道之一就是銀行，例如臺灣銀行。銀行可以提供的服務不只是可查詢外幣對新臺幣的即時報價，也可以查詢過去的歷史匯率。

管道2 財經新聞網站

財經新聞網站，例如鉅亨網外匯中心。財經網站不僅有即時的新聞資訊，也有各種匯率的變化，只不過各家內容多寡與深淺不一，投資人可以選擇適合自己的方式，多做參考。

管道3 各大券商及投信投顧公司

各家券商及投信投顧公司會提出不同的外幣投資訊息與管道，投資人可以從「境外基金觀測站」的官網 http://www.fundclear.com.tw/ 中，查詢相關資料，投資人詳細瞭解之後，再

針對自己的投資屬性來做理財規劃，比較妥當。

Q 國際主要外匯市場有哪些？

A 世界上交易量大且有國際影響力的外匯市場有倫敦、紐約、巴黎、法蘭克福、蘇黎世、東京、盧森堡、香港、新加坡、巴黎、米蘭、蒙特利爾和阿姆斯特丹等。在這些市場上買賣的外匯主要有歐元、英鎊、瑞士法郎、加幣、日圓等貨幣，雖然其他貨幣也有交易，不過和前者數量相較之下，實屬不多，有時把上述這些主流交易貨幣之外的統稱為雜幣。

國際外匯市場高達 30 多個，但是最重要的三大外匯交易市場就是紐約、倫敦、東京；剩下的新加坡、巴黎、雪梨等交易市場雖然規模比較小，但是也因為這些中小市場的存在，讓國際外匯能夠全天候 24 小時運作。

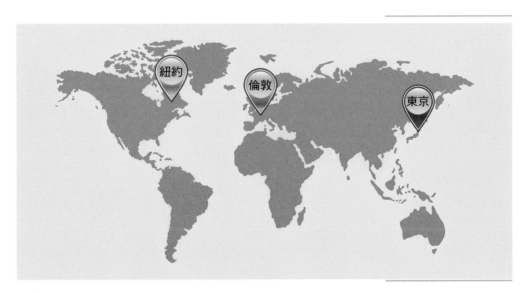

Q 原來世界上的外匯市場有這麼多，不過，想投資外幣只要先掌握最主要的三大外匯市場就好了嗎？究竟三大外匯交易市場有什麼特色呢？

Ⓐ 是的。我們的確無法一次掌握全部的外匯市場，但是只要掌握住最主要的三大外匯市場也就足夠了。世界最主要的三大外匯市場依序是倫敦、紐約、東京，接著，就一一的來瞭解。

三大外匯市場1　倫敦外匯市場

它是全球最大的一個外匯市場，貨幣的交易種類高達數十種，其中交易規模最大的貨幣是英鎊和美元，其次是歐元、瑞郎和日圓。

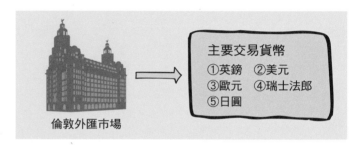

主要交易貨幣
①英鎊　②美元
③歐元　④瑞士法郎
⑤日圓

倫敦外匯市場

三大外匯市場2　紐約外匯市場

它也等於美元的國際結算中心。除了美元外，各主要貨幣的交易規模依次為歐元、英鎊、瑞士法郎、加幣和日圓等等。紐約外匯市場屬於開放式市場，沒有外匯管制，因此，紐約外匯市場參與者多數是商業銀行和外匯銀行，交易非常熱絡，其交易量僅次於倫敦外匯市場。

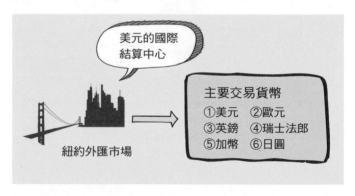

美元的國際結算中心

主要交易貨幣
①美元　②歐元
③英鎊　④瑞士法郎
⑤加幣　⑥日圓

紐約外匯市場

三大外匯市場 3　東京外匯市場

　　東京外匯市場的交易幣別，不像前面兩者交易的幣別種類繁多，主要是日圓對美元、歐元。由於日本是出口大國，在此交易的數量自然也是不可小覷。

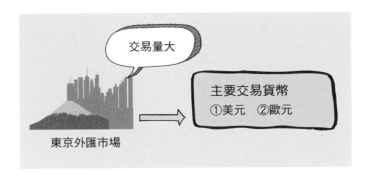

世界主要外匯交易市場開收盤時間表

地區	市場	當地開收盤時間	非夏令時時段		夏令時（DST）	
			換算為台北時間的開收盤時間			
			開盤	收盤	開盤	收盤
大洋洲	惠靈頓	9:00-17:00	05:00	13:00	04:00	12:00
	雪梨	9:00-17:00	07:00	15:00	06:00	14:00
亞洲	東京	9:00-15:30	08:00	14:30	08:00	14:30
	香港	9:00-16:00	09:00	16:00	09:00	16:00
	新加坡	9:30-16:30	09:30	16:30	09:30	16:30
歐洲	法蘭克福	9:00-16:00	16:00	23:00	15:00	22:00
	蘇黎世	9:00-16:00	16:00	23:00	15:00	22:00
	巴黎	9:00-16:00	16:00	23:00	15:00	22:00
	倫敦	9:30-16:30	17:30	（次日）00:30	16:30	23:30
北美洲	紐約	8:30-15:00	21:00	（次日）04:00	20:00	（次日）03:00
	芝加哥	8:30-15:00	22:00	（次日）05:00	21:00	（次日）04:00

備註：
•以上所列時間是當地主要工作時間段，可能會與實際情況存在出入，僅供參考。
•歐美地區的交易時段會受到日光節約時間影響，因此冬令時間與夏令時間有所不同。
•歐美地區的冬令時間會延後一個小時開盤。

國際外匯交易重點時刻：臺灣晚間 8 點至凌晨

Q 如果想看盤的話，該如何觀察這些外匯市場的情況？

A 如果以時間為主軸的話，投資人可能比較好理解。（以台北時間作說明）

1 清晨 5 點到下午 2 點

　　這時候通常是亞洲盤正在交易，但因為亞洲市場規模較小，沒有重大事件的話，通常處於小幅震盪範圍。

2 下午 2 點到傍晚 6 點

　　這時候是歐洲盤的交易時間，如果交易熱絡再加上有經濟數據公布的話，此時會有激烈的震盪出現。許多投資人特別會觀察下午 3 點過後的波動情形，再配合技術分析的指標結果來決定後續的進出場時間。

③ 晚間 8 點至凌晨零點

　　這時候是歐洲區的下午盤和美洲區的上午盤，此時是資金和參與者最多的時候，通常也是行情大幅波動的時候，此時的行情也會左右國際匯市之後的趨勢。

④ 凌晨零時到清晨

　　此時是美洲區的下午盤，由於先前已經經過激烈的震盪，相較之下，此時算是微幅的盤整了。

　　當然，如果在交易時間中突然出現重要事件或是訊息，匯市也會立刻反映出來，投資人最好要隨機應變，才不會錯失進出場的最佳時機。

外匯進階投資

雙元貨幣該怎麼賺？

有外匯需求的公司法人以及投資客，對於雙元貨幣都青睞有加。只不過，沒接觸過雙元貨幣的投資人，到底該選擇哪一種好？

「加值型」賣出買權（call）

首先，以「加值型」賣出買權（Call）為例：

條件 賣出買權（Call）的本金幣別為美元，相對幣別為日圓，轉換匯價為 122.10，期間為 14 天。

投資金額	100,000 元	投資天期	14 天
本金幣別	美元	美元 14 天定存利率①	4.50%
相對幣別	日圓	賣出選擇權加碼②	2.70%
即期匯率	121.50	雙元貨幣報酬率③＝①＋②	7.20%
轉換匯率 （履約匯率）	122.20 （價外 70 pips）	pips ＝ 外匯基點 基點是外匯交易中一種貨幣的最小價格單位，例如， 0.0001 美元或 0.01 日圓。	

情況一	情況二	情況三
即期匯率＜轉換匯率	即期匯率＝轉換匯率	即期匯率＞轉換匯率 假設即期匯率為 125
100,000 美元 ×7.2% ×14／360 ＝ 280 美元	100,000 美元 ×7.2% ×14 ／360 ＝ 280 美元 （100,000 美元＋280 美元） ×122.2 = 12,254,216 日圓	100,000 美元 ×7.2% ×14／360 ＝ 280 美元 （100,000 美元＋280 美元）X 122.2 = 12,254,216 日圓 12,254,216 日圓／125 ＝98,034 美元
7.2% 的年化報酬率		（賺的 280 美元還不夠，還要再倒賠 1966 美元）

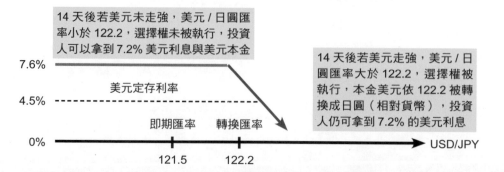

14 天後若美元未走強，美元／日圓匯率小於 122.2，選擇權未被執行，投資人可以拿到 7.2% 美元利息與美元本金

14 天後若美元走強，美元／日圓匯率大於 122.2，選擇權被執行，本金美元依 122.2 被轉換成日圓（相對貨幣），投資人仍可拿到 7.2% 的美元利息

7.6%

美元定存利率

4.5%

即期匯率　轉換匯率

0%　　　　　　　　　　　　　　　　　　　　　　USD/JPY

121.5　　　122.2

二、假設現在操作「加值型」的「賣出賣權」（Put）：

條件：賣出賣權（Put）的本金幣別為美元，相對幣別為歐元，轉換匯價為 1.3296，天期 14 天。

投資金額	100,000	投資天期	14 天
本金幣別	美元	美元 14 天定存利率①	4.50%
相對幣別	歐元	賣出選擇權加碼②	2.70%
即期匯率	1.3351	雙元貨幣報酬率③ = ① + ②	7.20%
轉換匯率（履約匯率）	1.3296（價外 55 pips）	pips ＝外匯基點 基點是外匯交易中一種貨幣的最小價格單位，例如，0.0001 美元或 0.01 日圓。	

情況一	情況二	情況三
即期匯率＞轉換匯率	即期匯率＝轉換匯率	即期匯率＜轉換匯率 假設即期匯率為 1.3100
100,000 美元 ×7.2%× 14／360 = 280 美元	100,000 美元 × 7.2% × 14／360 = 280 美元（100,000 美元＋280 美元）／1.3296 = 75,421 歐元	100,000 美元 × 7.2% × 14／360 = 280 美元（100,000 美元＋280 美元）／1.3296 = 75,421 歐元 75,421 歐元 ×1.3100 = 98,801 美元
7.2% 的年化報酬率		98,801 美元－ 100,000 美元本金＝ -1198 美元（損失）（賺的 280 美元還不夠還要再倒賠 1198 美元）

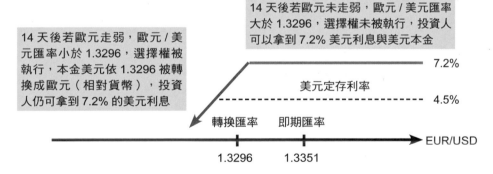

14 天後若歐元未走弱，歐元／美元匯率大於 1.3296，選擇權未被執行，投資人可以拿到 7.2% 美元利息與美元本金

14 天後若歐元走弱，歐元／美元匯率小於 1.3296，選擇權被執行，本金美元依 1.3296 被轉換成歐元（相對貨幣），投資人仍可拿到 7.2% 的美元利息

7.2%

美元定存利率

4.5%

轉換匯率　　即期匯率

EUR/USD

1.3296　　　1.3351

簡單來說，保守型的投資人可以選擇「保本型雙元貨幣」，也許沒甚麼賺頭，但至少不蝕本。積極型的投資人可以選擇「加值型雙元貨幣」，雖不保本，但當沒有被轉換成弱勢貨幣時，利得較多；相反地，若被「幣轉」——就是轉換成為弱勢貨幣的話當就會造成虧損，投資人不得不注意。

各國匯率制度與價量關係

經濟指標是投資外匯各項商品時，分析基本面的重要參考指標；重要的經濟指標包括國內生產總值、GDP 成長率、其他經濟指標以及政府的財政政策及貨幣政策等，對於該國匯率的變動都會有所影響。善用財經網站定期公布的經濟數據，不只能幫投資人瞭解趨勢，還能成為投資決策的先機。

- 主要匯率制度
- 外匯價量關係

單元重點

多國採浮動匯率制度，政府適時介入外匯市場

Q 從前面學習下來，我知道投資外幣的賺賠和匯率的變動息息相關，每一個國家的貨幣也有不同的貨幣政策，那麼投資外幣時，需要注意它是屬於哪一種匯率制度嗎？

A 需要的。貨幣的匯率變化和該國央行採取哪一種匯率制度高度相關，所以在投資前不能貿然進場，必須瞭解自己投資的貨幣是屬於哪一種匯率制度，又會和哪一些國家的經濟表現有所連動，如此一來，才能掌握貨幣趨勢的動向，當作投資決策的參考。

全世界國家採行的匯率制度，大致可以分為下列四種：

1 固定匯率制度

　　固定匯率制度（fixed exchange rate system）是指匯率由該國政府所決定的，匯率一旦被決定，通常不會輕易更動，但如果有突發事件，固定匯率制度還是會有所調整。例如外匯市場有超額供給，政府會透過行政命令

限制交易的對象或數量；因此，採取固定匯率制度的國家，政府會全力干預外匯市場。臺灣在 1972 年前是採用固定匯率制度。目前世界上主要國家，幾乎已經沒有採用純粹的固定匯率制度者。

固定匯率制度

政府是否干預	政府全力干預外匯市場
匯率	由政府決定，一旦決定，不會輕易更動
施行國家	世界上主要國家，幾乎已經沒有採用純粹的固定匯率制度者

2 浮動匯率制度

所謂的浮動匯率制度（free exchange rate system）是指，政府不介入外匯市場的買賣，讓市場機制自行決定其匯率水準，必要時才會干預。例如美元和日圓。

浮動匯率制度

政府是否干預	政府不干預外匯市場
匯率	由市場機制決定匯率，必要時才干預
施行國家	美國、日本

3 管理浮動匯率制度

管理浮動匯率制度（managed floating exchange rate system）是指政府原則上讓外匯市場自由運作，但也會視情況進場買賣，世界多數國家採取這種匯率制度，包括臺灣也是。

管理浮動匯率制度

政府是否干預	原則上讓外匯市場自由運作
匯率	原則上由市場機制決定匯率，但也會視情況進場買賣
施行國家	臺灣與多數國家

4 釘住匯率制度

釘住匯率制度（pegging exchange rate system）是指某一國或地區的貨幣與另一國或地區的貨幣，兩者固定在某一個價位，又稱為「聯繫匯率制度」（currency board），例如港幣釘住美元。但是，如果只緊釘某一國或地區的貨幣實在太危險，萬一對方的幣值波動過大，可能導致本國的貨幣受牽連，因此，也有國家的貨幣是同時參考幾個國家（一籃子）的貨幣來制訂其匯率者，例如馬來西亞幣。

釘住匯率制度

政府是否干預	是
匯率	某國或地區的貨幣與另一國或地區貨幣固定在同一個價位；有的是國家貨幣同時參考幾個國家貨幣，依此制訂匯率。
施行國家	香港、馬來西亞等

Q 如果匯率依照市場價格起伏，將如何呈現波動狀態？

A 在完全自由開放無人為干預的外匯市場，匯率依市場價格機能充分發揮，形成「均衡匯率」。匯率的變化就如同股價一樣，會有量與價的關係，當發生超額供給或是超額需求，就會造成價格大幅的波動。

要解釋外匯供需的變化，有三大說法：

1 國際收支說

國際收支說（Theory of international payment）是以國際借貸關係來說明外匯供需的變化。這個理論主張，一國匯率的漲跌，在摒除戰爭、經濟不安定或劇烈通膨等特殊因素下，在一段期間內，該國的國際收支狀況或

國際債權債務的變動，就會影響外匯的供需。當外匯收入大於外匯支出，就會出現順差，該國的貨幣就會升值；反之則會貶值。

2 購買力評價說

購買力評價說（Theory of Purchasing Power Parity）該理論認為，均衡匯率是由兩國物價水準的相對比率所造成的。當本國物價水準上升，不但本國貨幣的對內購買力下降，同時為了維持對國外買家的吸引力，該國貨幣就會貶值。

3 匯兌心理說

匯兌心理說（Psychological theory of exchange）是指在正常情況下，匯率會影響外匯的供給與需求，但在戰時或政治不穩定、甚或經濟情勢極度不安定時，就會嚴重影響投資人對該國幣值的主觀評價；而這時候，恐怕就不能用任何分析方式來決定合理的匯價了。

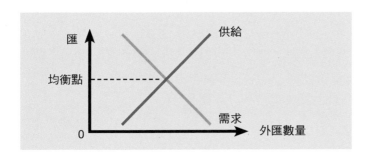

Ⓠ 以往亞洲國家多採取保守的固定匯率制度，這樣會有什麼風險嗎？

Ⓐ 會採取固定匯率的國家，多數是基於政治因素或是比較落後的國家，例如 90 年代的泰國，當時為了鼓勵外資前來投資，因此泰銖兌換美元就採取固定匯率，跟隨美元同步升值或貶值。雖然兩國的匯率走勢基本上是

一樣，但是，這兩國的利率高低卻大不相同。在 1997 年亞洲金融風暴以前，泰國 180 天期的泰銖借款利率約在 12% 上下，而同期之美元利率則約在 6% 上下。結果，泰國的金融業和廠商都去國外借低利率的美元，再回到泰國換成泰銖再投資；最後，經濟發展不如預期的泰國官方只能不斷買進泰銖以償還外債。原本 1 美元可以兌換 25 元泰銖，到最後泰國無力阻貶泰銖，只好宣布放棄固定匯率，改採浮動匯率的當天，泰銖立刻貶到 1 美元可換 56 元泰銖的天價。

這樣的情況也曾經發生在其它的東南亞國家，拉丁美洲也有。同匯率但是不同利率的國家，很容易就被外匯禿鷹盯上，如果投資人跑得慢，恐怕也會面臨本金消蝕的命運。這也是為什麼投資人應該關心世界各國的經濟數據，幫助自己留意任何投資訊息，提高警覺性，避免讓自己的投資部位身陷險地而不自知。

外匯市場的量價變化關係

Q 在一般情況下，外匯市場的量價變化，有何連動關係呢？

A 當外匯供給等於外匯需求時，對應的匯率就是所謂的均衡匯率。如果市場的匯率低於均衡匯率，將出現超額需求，匯率會上升至均衡匯率為止；反之，就會有超額供給，這個時候，匯率會下跌至均衡匯率為止。

情況 1 當外匯需求量＞外匯供給量時

外匯需求量＞外匯供給量→ 匯率上升，本國貨幣貶值

當 A 國貨幣升值、匯率下降，A 國商品的價格提高，外銷訂單量會降低，因此外匯供給就會減少，這時候，A 國的貨幣就會趨向貶值，以拯救日益衰頹的出口量。

情況 2　當外匯需求量＜外匯供給量

外匯需求量＜外匯供給量→ 匯率下降，本國貨幣升值

　　當 A 國貨幣貶值、匯率上升之後，A 國商品的價格降低，在相對便宜的情況下，A 國的外銷訂單會提高，因此，外匯供給逐步增加。

情況 3　當外匯需求量＝外匯供給量時

外匯需求量 = 外匯供給量→ 均衡匯率

　　這代表該國的進口量等於出口量，既不是貿易入超，也不是貿易出超，是屬於貿易平衡的情況，這時候該國的匯率平穩，不易有波動。

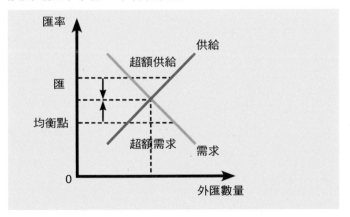

四大因素改變，匯率漲跌立見

(Q) 最容易影響匯率變動的經濟數據有哪些？

(A) 能夠影響匯率變動的經濟數據很多，但是重要性不一。如果出現下列四種情況，通常匯率就會隨之改變：

1 所得及就業情況改變

　　除了 GDP 之外，另外像是工業生產情況、就業或失業率高低，甚至一國的進出口貿易數字增減，都會影響匯率。例如當某國的失業率數據大於預期，那麼該國的貨幣通常會貶值。而工業生產相關表現優於預期，通常會導致該國貨幣升值。

```
        所得及就業情況改變時

   失業率＞預期→貨幣通常會貶值

 工業生產相關表現＞預期→貨幣通常會升值
```

2 物價上漲率改變

　　需注意一系列有關物價指數的變化，例如「生產者物價指數」（PPI）、「消費者價格指數」（CPI）以及「零售物價指數」（RPI）。因為當這些數據的變化程度，超過央行的警戒值時（各國的警戒值不太一樣，例如美國及我國，當 CPI 超過 2% 時，就會被央行認定為有通貨膨脹的隱憂，就會讓央行考慮實施緊縮性的貨幣政策，就是升息）關係到央行是否升／降息；而利率改變將影響到該國的匯率變化。在其他條件不變之下，通常該國升息，會讓該國的貨幣升值。

③ 利率改變

有關利率升降的變化，包括「貼現率」、「重貼現率」、「存款準備率」、「法定存款準備率」、「同業拆款利率」（「聯邦基金利率」）等五大類。如同前段所說，在其他條件不變之下，通常該國升息，會讓該國的貨幣升值。

④ 政治環境改變

受到戰爭、動亂或是政黨更替等政治因素干擾時，也會影響匯率。一國的政經情況愈不穩定時，該國的幣值就愈傾向於貶值。

這些因素除了會影響到短期的匯率波動之外，對於長期操作外幣的投資人說，也是很值得重視的基本分析策略。

Q 對於投資人來說，想要知道各國的經濟數據會不會有點困難？有沒有一些方便的管道可以查詢得知的？

A 關於這些經濟數據，各國的財經部門都會按照時程公布數據，投資人可以從各國的官方網站查詢資料，或者是透過臺灣的財經網站，查詢相關的經濟數據，作為投資依據。而常見的財經網站中，例如鉅亨網，都會定期公布重要國家的經濟狀況和指標，甚至會按照重要程度等級予以標記；因此，對於想要做功課的投資人來說有非常大的幫助。

利用突發事件，抓住短期波動

突發事件往往是影響外匯變動的因素中，最難以預測的一部分。如果投資人對於突發事件能夠沉靜以對，甚至能夠藉此推估未來趨勢的發展，那麼，突發事件不一定是阻力，反而有可能成為賺一桶金的助力。

單元
重點

- 量化寬鬆
- 解讀突發事件

美 QE 低利連三降，將熱錢推向新興亞洲

Ⓠ 美國實施量化寬鬆政策（QE），對於外匯市場有什麼影響？

Ⓐ 為了因應金融海嘯，美國 Fed 從 2008 年 11 月直到 2010 年 3 月實施 QE1，金額高達 1.725 兆美元。2010 年的 11 月直到 2012 年 6 月，美國 Fed 實施 QE2，每月購買美國長期國庫券 750 億美元，共挹注資金 6000 億美元。這兩次的 QE，雖然使得美元呈現弱勢，但是對於全球而言，這批熱錢主要流向新興市場股市、黃金、原油以及原物料市場等，造就這些市場的另一番榮景。而這兩次的 QE 使得美元指數持續走弱，讓大部分的國家貨幣走升，尤其新興市場貨幣走揚情勢最為明顯。

2012 年 9 月美國再推 QE3，除了經濟仍舊疲弱不振的因素之外，對於當時極力尋求連任的美國總統歐巴馬來說，也算是助他一臂之力。尤其 QE3 的規模與做法，比市場預期來得積極，特別是利率調降到接近於零，促使美元再度走弱的同時，非美貨幣則是獲得激勵走升，

因此，有內需話題或是原物料題材國家的貨幣，例如加幣、紐幣、澳幣或人民幣，也同步升值。

　　美國 Fed 已於 2014 年 10 月啟動 QE 退場，並從 2015 年 12 月開始啟動近 10 年來的首次升息後，逐步緩慢提高基準利率；一般預估 2018 年會有至少 3 次的升息；屆時非美貨幣應該就不會像 2018 年元月分的強勢了。

量化寬鬆（QE）如何運作？

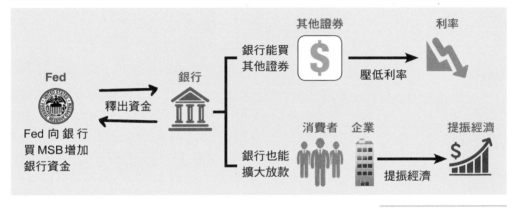

Q 當美國宣布實施 QE 時，為什麼熱錢會流向非美貨幣？

A 因為當美國宣布實施量化寬鬆政策時，等於是印美鈔救市，雖然這種寬鬆的貨幣政策，有點「以鄰為壑」的味道（因為這樣會迫使非美元的貨幣升值），但是各國也不得不買單；主要是因為各國的外匯存底當中，幾乎有超過六成的部位是直接以美元或美元為計價單位的資產（例如美債），如果美國狂印鈔票之後大家都不買帳，適必就會讓美元狂貶（因為美元供給量太多，需求量少的話，自然會讓美元狂貶）。而當美元狂貶，也會讓各國的外匯存底急遽縮水，這也等於是害到自己；形格式禁的結果，美國實施幾次的量化寬鬆，各國也只能照單全收。而量化寬鬆對美國的好處，歸納有下列幾個：

1 促使美元貶值

美國聯準會（Fed）連番降息，降到史無前例的 0 ～ 0.25% 低點，使美元貶值，如此一來，美國貨品價格變便宜，外銷價格因此更有吸引力，有助於美國的出口產值。

2 美國趁機贖回美國公債

因為美元變便宜，贖回美國公債的成本當然也就降低了。

3 各國競買美元

眾多與美國相關連的國家，擔心本國因為大量熱錢流入、引發通膨、使得利率被迫調高，因此只得買進美元，以防止美元過度貶值，影響手中美債以及美元資產的價值。

當 Fed 宣布推出第 3 輪量化寬鬆政策（QE3），有經濟學家就認為，此舉等於點燃全球貨幣戰火。由於預期心理的關係，各國擔心美元貶值，於是國際熱錢競相流入風險性資產以及利率較高的國家，尋求較高報酬率，因此，新興市場貨幣在當時就應聲全面翻揚，各國央行也緊急干預，包括臺灣、日本、巴西、澳洲以及紐西蘭等等國家，都全面備戰。

(Q) 當時的投資策略該是如何呢？

(A) 有鑑於當時美元走貶的趨勢，投資人可以考慮加碼一些有潛力的幣別，例如在 2008 年就連番把利率降到歷史低點的澳幣，以及經濟情況差相彷的紐西蘭和加拿大等國家的貨幣。不過，美元雖然走弱，但是不可否認地，美元還是主流貨幣；因此投資人在類似情況之下選擇加碼原物料／商品貨幣時，最好還是要同時持有美元和新臺幣，這麼做有助於風險分散。

澳幣兌美元走勢（2008.09 ～ 2011.02）

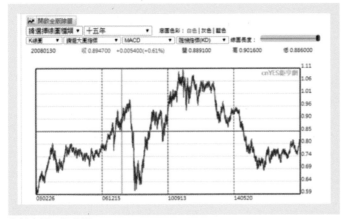

資料來源：鉅亨網

Q 在全球景氣回溫轉熱之際，美國又宣布 QE 開始退場，這對於外匯市場又有什麼影響呢？

A 當 QE 政策開始退場之際，首先帶動的會是全球主要國家開始啟動升息循環——例如紐西蘭就率先在 2014 年 3 月開始升息——接著，就是國際熱錢資金逐漸離場；也因為如此，東南亞國家的金融市場就如同當年金融風暴，同時出現股匯雙跌的重災景象。像是印尼、巴西和泰國這三個國家的股市就率先反應，一聽聞 QE 退場的消息，當時的平均跌幅都超過 3.5%。而國際熱錢預期應該也會逐步地回流美國。

在 QE 開始退場之際，為了防止投機客效法渡邊太太「借印尼盾（低息貨幣）、投資美元（高息貨幣）」的套利行為，於是印尼央行隨即宣布調高隔夜拆款利率（Over Night），以提高質借印尼盾的利息負擔，同時也等於是增加借款的短期成本。防範印尼盾進一步重貶的局面。

除了印尼之外，比方說印度、巴西、土耳其等國家央行也紛紛干預匯市，從原本的阻升情況，變成是防貶的護市措施，以避免本國貨幣瞬間暴跌。而新興市場不是唯一的受害者，從美國討論削減 QE 規模時，澳幣就曾經在短短一個月間匯價貶值 6%；而同屬主流貨幣的日圓則在續貶好幾個月之後，拜資金回流之賜開始狂升。

澳幣兌美元匯率走勢

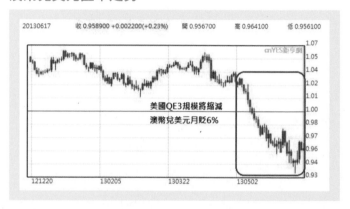

美元兌日圓匯率走勢

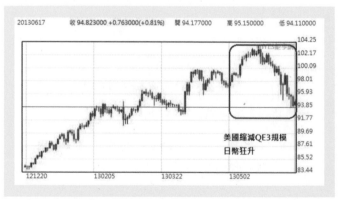

資料來源：鉅亨網

風水輪流轉，美元資產將重獲投資人青睞

Q QE3 規模縮減之後，投資人要順勢而為，該如何投資布局？

A 因為美國、日本和歐元區等地區在金融海嘯之後，經濟數據持續疲弱不振，投資人看準這些國家的央行會透過低利率的環境讓市場有更多的資金流動，使得套利交易大行其道。現在因為美國聯準會已經開始讓 QE 退場，當初借低利貨幣來投資高利貨幣的套利交易，投資方向也跟著反轉。再加上澳洲還維持著低利率環境與商品的跌價趨勢，使得原本是本地投資人鍾愛、屬於外幣寵兒的澳幣，因為 QE3 規模縮減而褪色不已。

澳洲因為鐵礦石、煤炭等資源出口大幅增長，使得澳洲在 2008 年前經濟前景看好，澳幣也跟著讓投資人青睞有加。以澳洲對中國大陸的出口額來看，在 2001 年約為 88 億美元，到了 2011 年出口額達到 770 億美元，成長將近九倍。但是，自 2012 年澳洲又開始連番降息，降到 2.75% 的歷史新低點，這等於是對澳洲經濟發展發出警告的訊息；投資人理應隨時注意此一類的訊息。反觀墨西哥，全國有八成以上是製造業，製成品多半輸往美國（美國是墨西哥重要出口市場），在美國經濟逐漸走出泥淖、美元開始抬頭的景況下，未來選擇美元陣營的外幣，應該是最好的選擇。

Q 如此一來，債券或是債券基金還能投資嗎？

A 當美國縮減 QE 規模，同時也啟動升息循環，那麼投資人對此的信心程度如何？從美國股市的表現就可以窺知一二了。截至 2018 年元月底，美國 S&P500 指數連續數十度刷新歷史新高。然而值得注意的是，美國的失業率在 2018 的元月已降到 5% 以下 ，這樣的數值有

可能加速美國升息的步伐。

　　另外，目前殖利率約 3% 的美國中期公債，對於投資人來說，投資風險逐步提高；如果期限太長的債券，當未來利率緩步走揚，價格會逐漸下跌，恐怕會大幅度地侵蝕投資人的利益。此外，投資人最好要小心留意企業或產業債券的變化（甚至於是高息債券）；因為一旦升息，評等較低的企業相對的投資風險就會提高。

美國標準 S&P500 指數新高

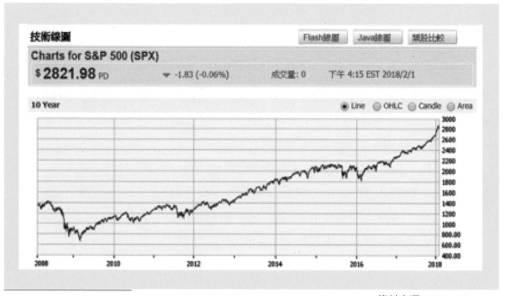

資料來源：Yahoo!Finance

量化寬鬆政策

當降息已經沒效時，量化寬鬆政策強力讓利率維持低利

①量化寬鬆政策就是一般所說的央行印鈔票救市，主要是透過公
　開買入市場公債、合格、高評等的公司債，或增加貨幣供給量
　等方式，藉此刺激銀行體系，提高借貸額度，重振經濟。

②量化寬鬆政策就是這樣操作的

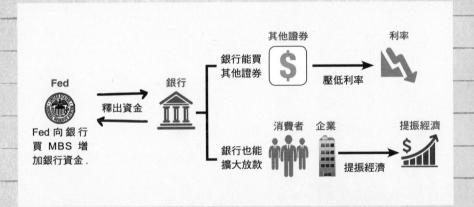

Fed
釋出資金
Fed 向銀行
買 MBS 增
加銀行資金.

銀行

銀行能買
其他證券

其他證券
$
壓低利率

利率

消費者　企業

銀行也能
擴大放款

提振經濟
$
提振經濟

③第一個實施量化寬鬆政策的國家是日本，美國則因金融海嘯的
　衝擊後，因美國聯準會連番降息，利息趨近零，為了改善經
　濟，所以美國才開始以印鈔票救市的方式，拉抬經濟。

央行拿來調控市場利率的工具
什麼是量化寬鬆政策？

量化寬鬆（Quantitative easing）屬於一種貨幣政策，簡稱 QE，是一種非常規的貨幣政策；當官方利率為零或趨近於零的情況下，傳統的貨幣政策——降息，已經沒有辦法再發揮更強而有力的效果時，央行可以藉由量化寬鬆的方式，繼續挹注資金到銀行體系，使利率可以維持在極低的水準。

「量化寬鬆」中的「量化」，是指央行創造出指定金額的貨幣，而「寬鬆」則是指要減低銀行的資金壓力。而量化寬鬆的操作方式，一般俗稱是央行印鈔票救市，主要是中央銀行透過公開市場買入政府公債，或是合格／高評等的公司債等，提供市場流動資金或增加貨幣的流通量，並進而刺激銀行體系提高借貸額度，以達到重振經濟的目的。

量化寬鬆政策是一把雙面刃

最先採用量化寬鬆貨幣政策的國家，並不是始自 2009 年的美國，而是日本。早在 2001 年，身陷通縮之苦的日本央行在利率已經趨近於零的情況下，就採用了這種新型的貨幣政策工具來應付當時的通貨緊縮。當時，日本央行就是將大量、超額資金注入銀行體系，讓長、短期利率都處於極低水平，藉以刺激經濟成長，對抗通貨緊縮。

而在歷經 2008 年金融海嘯的衝擊，由於美國聯準會連番降息，聯邦基金利率（Fed fund rate）已然趨近於零，無法以傳統的貨幣政策改善經濟，於是美國聯準會開始推出 QE 政策，印製大量鈔票購買長天期債券，讓美國長債價格上漲、藉以壓低長天期利率，使民眾及一般企業可以取得較低的利率、降低資金成本。

但是美國大量的印製美鈔也有後遺症。由於美元是世界重量級的儲備貨幣，各國央行的外匯存底當中，平均有超過六成以上的部位都跟美元有關；另外，全球主要的商品或原物料，也多半都以美元做為計價的基礎下，當美國聯準會實施多次的量化寬鬆政策，營造出超低利率的環境後，導致美元貶值，使得國際熱錢流向商品／原物料市場，讓原物料價格不理性的上漲，進而引發全球性通膨危機，同時對人民幣以及其他的商品貨幣帶來極大升值壓力。

美國實施 QE 概況總覽

美國以量化寬鬆來救市，每一次的實施概況如下：

💰 QE1

QE1，實施時間從 2009 年 3 月至 2010 年 3 月，規模約 1.75 兆美元，主要用於購買 1.25 萬億美元的 MBS（mortgage backed securities；抵押擔保證券）、3000 億美元美國公債以及 1750 億美元的機構證券。

💰 QE2

QE2，實施時間從 2010 年 8 月底至 2012 年 6 月，規模約 6000 億美元，主要用於購買財政部發行的長期債券，平均每個月購買金額約為 750 億美元。

💰 QE3

QE3，實施時間從 2012 年 9 月 15 日起實施，預計每月採購 400 億美元的 MBS。與前兩次不同的是，QE3 並沒有明確的到期日期，只是概括性地說明它將持續實施至美國就業市場改善為止。

💰 QE4

QE4，實施時間從 2012 年 12 月起實施，除仍維持 QE3 每月 400 億美元 MBS 的購債計畫之外，每月再增加收購 450 億美元長期公債，使每個月的購債規模增加到 850 億美元。此次量化寬鬆政策仍沒有明確的到期日，但卻加入了所謂的「退場機制」──就是美國的預期通貨膨脹率高於 2.5%，還有失業率低於 6.5% 時，Fed 將會開始逐步縮減購債規模。

💰 QE 退場啟動

聯準會（Fed）決定於 2014 年 1 月起開始縮減 QE 規模，每月購債規模減少 100 億美元至 750 億美元，這減少的 100 億美元，包括美國公債和抵押擔保證券各減少 50 億美元。2014 年 2 月 Fed 宣布購債規模再縮減 100 億美元到 650 億美元的規模。

美國 Fed 已於 2014 年 10 月啟動 QE 退場，並從 2015 年 12 月開始啟動近 10 年來的首次升息後，逐步緩慢提高基準利率；一般預估 2018 年會有至少三次的升息。

透過技術分析，
用線圖輔助確認

技術分析通常分成圖形分析和指標訊號兩大類；圖形分析主要是研究走勢圖的支撐線和壓力線以及盤勢變化，最常用的工具就是K線圖。除了K線圖之外，還有四大技術分析指標，可以讓投資人搭配K線圖一起使用。

- 學會常用技術指標
- 從技術分析找進出場時點

4 大技術分析協助判斷外幣進出時間點

Ⓠ 在外匯市場中最常用的技術分析指標有哪些呢？

Ⓐ 最常用的有：移動平均線（Moving Average）、KD隨機指標、RSI 相對強弱指標以及 MACD 指數平滑異同移動平均線，這些都可以拿來和 K 線圖搭配使用。

　　只不過，投資人必須先瞭解技術分析的前提架構：一、它是假設性的，假設過往的價跟量會被複製到未來；二、要同時觀察量價關係；三、它是有時間限制的。簡單來說，技術分析是假設過去量和價可以複製到未來，

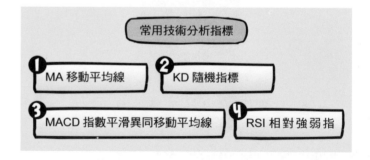

常用技術分析指標

❶ MA 移動平均線　　❷ KD 隨機指標

❸ MACD 指數平滑異同移動平均線　　❹ RSI 相對強弱指

那麼投資人就要觀察過去的量價關係和壓力及支撐情況。例如獲利了結賣壓和解套賣壓，如果需要被克服，那麼克服的量要多少？這就牽涉到設定時間區間來輔佐判斷，例如：3 個月、半年、或是一年的成交量等等，因為時間不同，判斷的參考量也就不一樣。

💰 觀察 K 線圖重點

觀察 K 線圖，須注意兩個變數：上方是由許多單獨 K 棒（有可能是日 K、周 K 等）組合而成，表示價格的變化；下方高高低低的柱狀圖則代表成交量。別忘記，技術分析最主要的就是要觀察量和價的關係，所以觀察 K 線圖不止要看價格，還要留意成交量的大小。投資人在看 K 線圖時，你選擇觀察的「時間」區間不一樣，例如日線、月線、季線、半年線、年線，整個 K 線圖的走勢就會不一樣，而價格轉折點，及所面臨的「支撐線」和「壓力線」也就會跟著不同了。

Q 在臺灣股市會發生「騙線」的情況，投資人常被誤導，外匯市場也有嗎？

A 在臺灣的股市中常會發生所謂的「騙線」，但是在外匯市場中，因為交易量大，所以技術分析數據就比較可信。對於學習技術分析的線圖，第一步是要會看圖，第二步是看走勢，第三步就是和基本面結合，確認自己對市場的判斷。

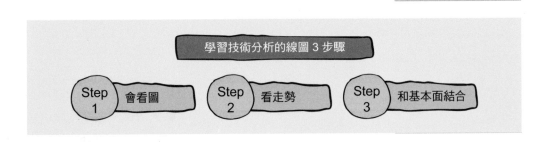

學習技術分析的線圖 3 步驟

Step 1　會看圖　　Step 2　看走勢　　Step 3　和基本面結合

說到看圖，外匯市場採用的技術分析方式和股市一樣，所以 K 棒和 K 線圖是最基本的；因此，看懂陰陽蠟燭圖形是投資人的基本功。有些線圖會用黑白兩色，有些線圖則是採用紅綠兩色。例如下圖右方黑色的陰柱，在某些線圖是綠色的，代表下跌；左方紅色的陽柱，在某些線圖是白色的，代表上漲。K 棒一定會顯示的價格有四個：最高價、最低價、開盤價、收盤價。

看懂陰線和陽線

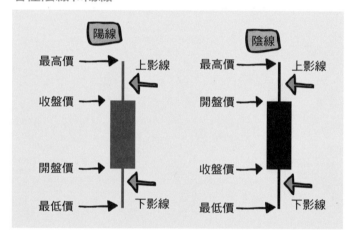

MA 移動平均線：瞭解價格平均成本

Q 什麼是「移動平均線」？

A 我們將過去一段時間內，取各個區間的收盤價（或是各個區間的平均值）所連成的線，就是「移動平均線」（Moving Average，MA），而按照其所選取的區間，又可以分成年線、半年線、季線、月線或是周線等。「移動平均線」既然是表彰某個標的物在一定期間內的平均成本，就會隨著每日該標的的漲跌而有不一樣的數值，代表平均價格成本的變化及趨勢，透過這條平均線，可

瞭解價格平均成本的移動平均線

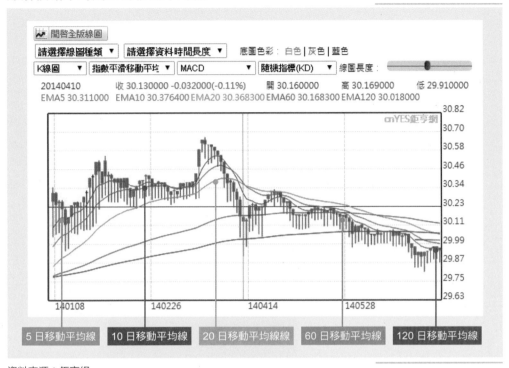

資料來源：鉅亨網

以用來研判未來價格走勢的方向。我們以五日平均線
（以 **MA5** 表示）為例，它就是計算五個交易日的平均
價格，例如：第一天到第五天的平均價格；第二天到第
六天這五日的平均價格，以此類推；每次都是取連續的
五個價位的平均值。然後把這些平均值連成一線，就是
移動平均線了。也就是說，同樣是計算五個交易日的平
均價位，但是因為每天的價格有漲有跌，所以就會影響
平均數值，形成有高有低的走勢。

　　也因為移動平均線顯示出一段期間之內投資人取得
該標的的成本變化，讓投資人可以據此判斷未來該標的
的價格走勢。一般來說，移動平均線可以分為短期、中

期、長期。短期移動平均線，大多取 5 或 10 日平均線，稱為「周（雙周）平均線」或「周（雙周）線」；中期移動平均線大多以 20 日移動平均線，又稱為「月平均線」或「月線」；另外還有 60 日移動平均線，稱為「季線」。長期移動平均線大多取 240 天之平均線，稱為「年平均線」或「年線」。

Q 如何判斷進出場訊號呢？

A MA 移動平均線有很多用途，主要用在識別趨勢，以及確認阻、壓力價位和支撐價位。5 日均線（MA5）代表周線，20 日均線（MA20）代表月線，60 日均線（MA60）代表季線，120 日均線（MA120）代表半年線，透過短天期線和長天期線的消長方式，我們可以推估進出場訊號。

訊號 1　多頭排列

如果 MA 同時滿足大於 MA20、MA60、MA120 時，代表此時為多頭走勢，較適合進場；如果 MA 同時小於 MA20、MA60、MA120 時，代表此時為空頭走勢，不適合進場。

訊號 2　黃金交叉與死亡交叉

當短天期均線由下向上穿過長天期均線，稱為「黃金交叉」，為買進信號。當短天期均線由上向下穿過長天期均線，稱為「死亡交叉」，為賣出信號。

黃金交叉為買進訊號

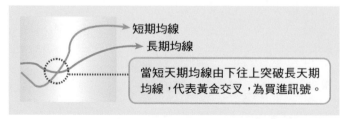

短期均線
長期均線
當短天期均線由下往上突破長天期均線，代表黃金交叉，為買進訊號。

黃金交叉為賣出訊號

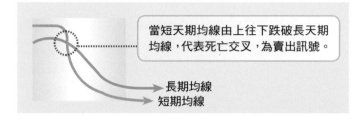

當短天期均線由上往下跌破長天期均線，代表死亡交叉，為賣出訊號。

長期均線
短期均線

如何從 MA 指標判斷進出場訊號？	
進場訊號	觀察日指數收盤價 > MA20、MA60、MA120
出場訊號	觀察日指數收盤價 < MA20、MA60、MA120

買氣有無過熱指標 1：KD 隨機指標

Q 有沒有什麼指標能夠觀察股市的熱絡情形？

A 不少投資人會使用 KD 值來觀察目前市場買賣雙方的交易熱絡程度。當匯市處於多頭時，收盤價往往接近當日最高價；反之在空頭時，收盤價比較接近當日最低價；所以 KD 值的意義，就是在反映某檔標的貨幣收盤價在一段時間中，價格區間的相對位置。

從 KD 指標可以看出外幣買氣

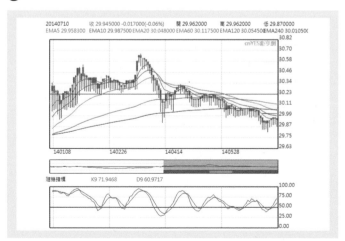

資料來源：鉅亨網

Q 如何利用 KD 值研判進出場時機？

A KD 線等於是移動平均線的延伸，因為移動平均線只以收盤價來計算，KD 線則除了收盤價之外，還有最高價與最低價，對於短期測試市場趨勢，KD 線會更靈敏。如果行情是一個明顯的漲勢，會帶動 K 線與 D 線向上走升。

通常 KD 值在 80 以上被視為「超買區」，這時候投資人就要注意賣點了；當 KD 值在 20 以下則視為「超賣區」，這時候就要注意買點。

此外，一般認為，當 K 值大於 80，D 值大於 70 時，表示當日收盤價是偏高的價格帶，因此是超買的狀態，可以伺機找賣點；當 K 值小於 20，D 值小於 30 時，表示當日收盤價是偏低的，是超賣狀態，可以伺機找買點。

當 D 值跌至 15 以下時，意味市場可能過度恐慌，個別標的是嚴重超賣，通常這是買入訊號；當 D 值超過 85 以上時，意味市場是處於過熱狀態，投資人缺乏理性，是嚴重的超買現象，這時候反倒不宜買進，而是該出場了。

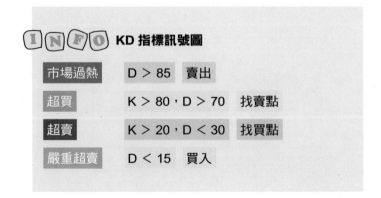

INFO KD 指標訊號圖

市場過熱	D > 85	賣出
超買	K > 80，D > 70	找賣點
超賣	K > 20，D < 30	找買點
嚴重超賣	D < 15	買入

Q 如果單純只以 KD 值作為參考指標，可信度是高？是低？

A 對於交易熱絡的個別標的，通常 KD 值反應較敏銳，買賣訊號出現較頻繁，但是有時候訊號瞬間即逝，不容易拿捏得準，建議投資人還是應該與其他指標一起使用，以提高準確性。至於交易冷淡的個別標的，KD 值就不適用了。

Q 除了黃金交叉和死亡交叉之外，KD 值是不是也會有背離情況？該如何解讀？

A 是的，當 KD 值發生背離，就是趨勢反轉的徵兆。當某個貨幣匯率價位突破某一個高點，但 KD 指標卻沒有出現更高，反而比前一波的高點還低；另一種情況是 KD 值雖然突破前一波的高點，但匯價卻是下跌趨勢，這就是背離現象。背離還分兩種情況，一種是高檔背離，另一種是低檔背離。

　　高檔背離的情況是當匯價創新高，但 K 值卻沒有跟著創新高，這時候投資人應該準備賣出，千萬不可再進場；低檔背離的情況是當匯價創新低，但 K 值卻沒有跟著創新低時，投資人可以逢低買進，進場撿便宜。

Q 如果我在 KD 值最佳狀態時買入，會有投資風險嗎？

A 不一定，當 K 值和 D 值上升或是下跌的傾斜度趨緩時，也是趨勢反轉的徵兆。很多心急的投資人，會提早趁 KD 線在下方趨緩時就進場，運氣好的投資人也許可以買到低點，但萬一是在超跌的情況下，KD 指標鈍化，很容易偷雞不著蝕把米、反被套牢，所以，投資人最好在黃金交叉時才買入，會比較安全。

如果在黃金交叉、K 線穿越 D 線向上數天之後，匯價出現不漲、成交量也沒有增加的情形，而且 K 線又要向下時，就要儘快賣出，以免反轉下跌，來不及出脫。

如何從 **KD** 指標判斷進出場訊號？	
進場訊號	●K 線低於 D 線，在超賣區內向上突破 D 線，是黃金交叉 ●K、D 線在低價區連續出現兩次以上交叉
出場訊號	●K 線高於 D 線，在超買區內向下跌破 D 線，是死亡交叉 ●K、D 線在高價區連續出現兩次以上交叉
反轉訊號	K、D 線與價格走勢背離時
備註	KD 指標不適用交易冷清的標的物

買氣有無過熱指標 2：
MACD 指數平滑異同移動平均線

Q 要看標的貨幣的交易是否熱絡，是不是也可以使用 MACD 指標？

A MACD 具有確認中長期波段走勢的功用。簡而言之，MACD 的原理是以長天期移動平均線（慢線：MACD）作為長期的走向；而以短天期移動平均線（快線：DIF）作為短期趨勢參考。

　　以短天期（快線：DIF）移動平均線減去長天期（慢線：MACD）移動平均線，就會得到「DEF」數值，通常以柱狀體顯示。

　　DEF 的數據在水平線（零軸）以上為正值，水平線（零軸）以下為負值。因此，MACD 線圖會顯示三種數據：DIF 線、MACD 線以及 DEF 柱狀圖；當快的移動平均線與慢的移動平均線二者交會時，代表趨勢已經發

生反轉；而 DEF 柱狀的部分，如果正負值交替，也是
趨勢反轉的表象。

MACD 指數看趨勢走向

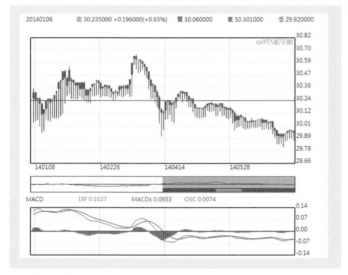

資料來源：鉅亨網

Ⓠ 如何從這樣的線圖看出多頭和空頭的趨勢？

Ⓐ 當 DIF 線、MACD 線以及 DEF 柱狀圖都位在水平
線（零軸）以上，就代表價格正處於多頭時期；當 DIF
線、MACD 線、以及 DEF 柱狀圖都位在水平線（零軸）
以下，就代表正處於空頭時期。

　　一般來說，當 DIF 線由下往上穿越 MACD 線時，
代表短期漲勢優於長期漲勢，繼續上漲的機會比較高，
這就是「黃金交叉」，投資人可以在此時尋找買點進場。
相反地，當 DIF 線由上往下穿越 MACD 線時，代表短
期漲勢劣於長期漲勢，匯價繼續下跌的機會較高，這就
是「死亡交叉」，投資人這時候就該選擇儘快賣出所持
有的貨幣才是。

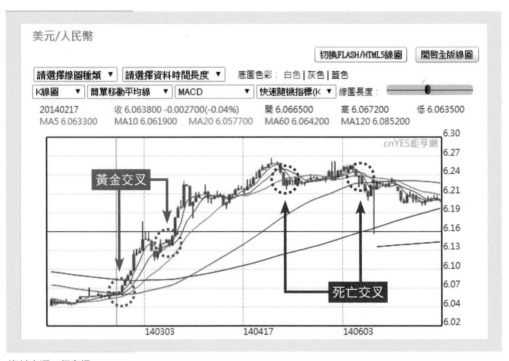

資料來源：鉅亨網

MACD 指標訊號圖，如何判斷進出場訊號？	
MACD 指標進場訊號	當 DIF > MACD
MACD 指標出場訊號	當 DIF < MACD
備註	MACD 指標不適用於短進短出的投資人

Q MACD 指標的分析精準嗎？

A MACD 指標是常用的技術分析之一，不過，MACD 所呈現的趨勢，往往在標的已經漲了一小段或跌了一小段後才開始反應，是屬於確認指標而非預測指標，對於天天盯盤的投資人來說，可以是一個參考數據；但對於習慣一段時間才看盤的投資人來說，MACD 呈現的買賣點還不夠即時，而且難以預測高低點，尤其遇到盤整時

更是使不上力。

所以，要使用 MACD 這項指標，最好還是搭配其他技術分析指標一起使用，才能夠抓住波段中的高點和低點。

善用 RSI 相對強弱指標，找短期最佳進出點

Q KD 線和 MACD 指數平滑異同移動平均線分別在 K線圖上都可看出超買和超賣的趨勢，RSI 相對強弱指標是不是也具有這樣的功能？

A RSI 相對強弱指標，可以看出某一段時間內，買賣雙方相對力量的強弱勢。

RSI 指標看買氣有無超賣或超賣

資料來源：鉅亨網

Ⓠ 如何解讀 RSI 相對強弱指標？

Ⓐ 通常 RSI 所使用的參數（基期天數）也會影響數值結果，如果設定的時間太短，RSI 指標就會太敏感；如果設定的時間過長，則會顯得遲鈍；因此，多數軟體的會選定 6 日、12 日、24 日來當作參數，投資人也可以自行更改，選擇 5 日、10 日當作參數。

　　RSI 相對強度的數值在 0 ～ 100 之間，數值愈高，表示買氣愈旺；數值愈低，表示標的貨幣乏人問津。萬一標的貨幣處於極端的情況，例如當趨勢全面連續上漲時，會導致 RSI 趨近上限 100；反之，會導致 RSI 趨近於下限 0。

Ⓠ 以 RSI 指標為例，它的進出場訊號又是如何？

Ⓐ 當 RSI 數值低於 20，代表匯價處於超賣情況，有反彈契機，投資人可以逢低搶進；當 RSI 數值介於 20 到 80 之間，屬於正常交易情況；當 RSI 數值超過 80，就表示匯價有超買現象，隨時會反轉直下，投資人應該擇機出脫該標的貨幣。

Ⓠ RSI 指標設定有不同的基期天數，有什麼用處嗎？

Ⓐ 一般來說，當短天期的 RSI 均線在 20 附近，由下往上穿越長天期的 RSI 均線時，就代表匯價最近有連續性的漲幅，這時候就是買進訊號；相反地，當短天期的 RSI 均線在 80 附近，由上往下穿越長天期的 RSI 均線時，就代表匯價開始下跌，這時候就是賣出訊號。

　　另外，我們也可以利用 RSI 觀察多頭和空頭的行情。例如：3 日 RSI ＞ 5 日 RSI ＞ 10 日 RSI ＞ 20 日 RSI，顯示市場是處於多頭行情；反之則為空頭行情。這一點和 MA 移動平均線很類似。

Q 如果匯價有反轉跡象，RSI 指標會如何呈現？

A 當匯價從超買區極速掉落到 30 左右，或者當匯價急速拉抬到 70 左右，這就是強烈又明顯的反轉信號。

因為 RSI 的理論基礎是建立在漲幅和跌幅上，因此，當 RSI 發生背離的情況也會是一種反轉信號。例如匯價創新高，但是 RSI 卻沒有創新高，就表示漲勢後繼無力，投資人可以開始尋找賣點；或者匯價創新低，但是 RSI 卻沒有創新低，就表示已經跌夠了，可能要開始反轉，投資人可以準備進場了。

但是，RSI 指標也會有鈍化現象，當股市大漲或是大跌時，RSI 值會進入超買區和超賣區，即使價位持續大漲或是大跌，但 RSI 指標卻只有微幅增加或減少。因此在極端的牛市或是熊市中，RSI 指標是不適用的。

如何從 RSI 指標訊號圖判斷進出場訊號？	
RSI 指標進場訊號	RSI（5 日）＞ RSI（10 日）
RSI 指標出場訊號	RSI（5 日）＜ RSI（10 日）
RSI 指標不適用於	極端的熊市或牛市

總而言之，重大經濟數據的公布，經常會帶來外匯市場的行情波動。市場預期對於價格的影響，往往大過實際情況，因此，投資人不只要關心基本面，在技術面上，許多技術指標同時搭配使用，輔助量價關係，才能尋找波段最佳買賣點。

→ 央行拿來調控市場利率的工具

繞著地球賺！
ETF讓你賺遍全世界

・指數股票型基金ETF，漲跌情況和標的指數連動
・名為「基金」，性質與股票雷同，還有槓桿倍數，增值財富更快速
・外幣資產配置的「必拜款」

以外幣計價的商品琳瑯滿目，對於初學者或是目前沒有太多時間研究金融商品的投資人來說，可能會有無從下手之感。如果有投資朋友以為，它跟國內投資股票一樣，就以投資國外股票為起手式 —— 就以美股來說 —— 不僅投資標的是臺股的數倍，可能剛開始也需要一段時間先適應不同的交易制度，還有也要學會瞭解美股大盤局勢，以及關心個股的基本面等，光是這麼多的資訊需要消化吸收，可能就會嚇跑有意於以外幣為資產配置的投資人。但是，現在有一種很夯的跨境金融商品，已經成為很多投資人的新寵，不僅初期不用花很多時間研究個股的財務報表或者學習判斷技術指標，就可以捧著外幣繞著地球賺 —— 這種商品，就是「指數股票型基金」，也就是很多投資朋友都曾經聽過的ETF！雖然這項商品的名稱包含「基金」二字，但其實它有許多交易特性跟股票一樣；最重要的

是，ETF的績效表現，幾乎和這支基金所追蹤的指數同步；所以，只要你抓得住大盤或者是某種產業的趨勢，就能夠讓你賺遍全世界。

Q 什麼是ETF？

A ETF的英文原文為Exchange Traded Funds，正式名稱為「指數股票型證券投資信託基金」，臺灣簡稱為「指數股票型基金」。什麼是指數股票型基金？我們先解釋什麼是「指數」。在全球各地區的證券交易所，都會用一個指數來說明行情的表現；因為各國證券交易所所採樣的股票或計算方式不同，因而衍生出各種不同的指數，例如在美國有我們熟知的四大指數：道瓊工業指數、那斯達克指數、S&P500（標準普爾500）指數、費城半導體指數；日本有東京225指數；還有香港的恆生指數；上證綜合指數、深證綜合指數等。這些指數都或多或少地說明，在某一個時間點，

在這些交易所裡掛牌股票的整體（或者成份股）表現。因此，如果投資朋友對於某些市場比較有看法或是比較有信心的話，可能會想，有沒有一支股票或者某一檔商品，可以具體地反映該市場的未來表現，而不必只是受限於要精挑細選某些個股呢？這樣的聲音，催生出了 ETF 這種商品；換句話說，ETF 就是為了追蹤某個特定指數的起伏而設計出來的金融商品。

而為了讓 ETF 的市價表現可以同步反映所追蹤指數的變化，每一檔 ETF 在規劃之初，都會將每一單位的淨值設計成所追蹤標的指數的某個百分比；如此一來，ETF 價格的漲跌，就會和所追蹤的指數走勢有更直接的相關性；一旦指數漲跌，這些 ETF 的價格就會跟著漲跌。也因為這種與指數連動的特性，使得 ETF 逐漸成為全球投資人的寵兒。投資人在進場前，只要先搞懂相關指數未來的行情變化趨勢，再買進看好指數所對應的 ETF，就能夠簡單又精準地參與這些指數所帶來的報酬了。

Q ETF 和傳統基金有什麼差別嗎？

A 雖然 ETF 被稱做指數型基金，但是多半的 ETF 都是在交易所掛牌，被當成是像股票一樣交易。投資朋友只要有證券帳戶，就可以在盤中隨時買賣 ETF，交易價格會依市價即時變動；另外跟傳統基金還有一項很大的差異，就是傳統基金不能放空操作，但 ETF 是可以的；而且有些 ETF 還可以有多倍數的槓桿操作。因此，ETF 就如同股票一樣，交易方便又具流動

ETF 和共同基金的差別

交易差別	ETF	共同基金
買賣方式	如同股票一樣，可隨時交易（在盤中的價格時時刻刻都不同）	每天收市後，依資產淨值定價及交易（每天只有一個淨值）
投資管道	透過任何證券經紀商	透過銀行、基金公司、券商
可否放空	可以融資買進，也可以放空	只能夠買進，不可放空
投資組合	成分股透明化，除非追蹤的指數調整其成分股，否則成分股不隨意更動	成分股不透明，基金經理人因應市況主動調整成分股
交易費用	管理費（較低）買賣交易手續費	管理費（較高）經理費 申購費 贖回費 轉換費

性，不像基金只能每天按照一個淨值交易。

另外在交易成本方面，傳統式基金每年有多項交易成本需要支付，例如經理費、保管費等；而且基金經理人為了博取好的績效，必須非常積極地選股、換股操作，屬於主動式管理，藉以追求較高報酬率而能夠擊敗大盤指數的表現，因此，週轉率很高，也因而墊高了交易成本！相較之下，ETF 輕鬆簡單許多，它只需要投資人負擔像買賣股票時的交易手續費。另外，由於 ETF 的選股標的就是指數成分股，除非成分股的「成員」有所異動，要不然，基金經理人是不用傷腦筋調整持股的，屬於被動式管理。最重要的是，評估 ETF 的操作績效好壞，並非是要打敗大盤，而是要能夠與大盤表現同步；另外在投資組合方面，ETF 的投資組合會每天公布，不像有些基金是「定期」公布，沒有辦法知道基金經理人是否頻繁換股操作，可說相當透明。因為這些重要的不同，投資人只要安穩地賺取指數上漲的報酬率就可以了。

我們將 ETF 和共同基金的差別，羅列成右頁這一張表，供讀者參閱。

Q 投資 ETF 要如何可以增加投資的績效呢？

A 可以參考二倍或三倍槓桿操作的 ETF。可以透過交易槓桿 ETF，讓投資人在資金不多的情況下，放大資金效果。例如最基本的一倍看多 ETF（稱為原型 ETF），也就是當指數上漲 1%，這一類的 ETF 理論上將會上漲 1%。同樣的道理，二倍看多 ETF，就是當指數上漲 1%，此類的 ETF 理論上也將上漲雙倍，變成 2%。如果投資人看空市場，也有二倍和三倍看空（看跌）的 ETF 可以考慮，計算的方式就跟看多（看漲）的 ETF 一樣，只不過看多變成看空罷了。簡單來說，就是把原本的資金放大變成兩倍或是三倍，如果再加上融資的額度，資金放大效果就更加明顯了。

但是要提醒投資朋友的是，挑對時機買進槓桿 ETF，當然是翻倍賺；但是萬一操作失誤，也是要賠二倍、賠三倍的。因此，建議投資新手可以先從沒有槓桿倍數的原型 ETF 著手，等到熟悉市場脈動之後，再視情況挑選合宜的槓桿 ETF 來操作。

Q 如果不想提高槓桿操作，有沒有其他安全一點的做法？

A 投資人可以用股票搭配 ETF 的策略操作，在投資上或許有加分的效果！比方說，可以指數型 ETF 為核心持股，再搭配操作所連結的股票，

這樣可以確保一部分的投資績效和大盤連動。如果是搭配美股，因為美股可以交易的標地種類繁多，例如藍籌股、強勢股、小型股等等，就看投資人是青睞哪一種類型的股票，ETF 與股票兩者互相搭配，可以達到分散風險和確保投資績效的結果。關於如何投資美股，可以參考《3 天搞懂美股買賣》一書，裡面有更詳盡的介紹。

Ｑ ETF 的優、缺點是什麼？

Ａ 由於 ETF 的架構是建立在一籃子股票的投資組合上，投資組合透明，成分股不隨意變動，等於是花一點點的錢就可以投資一籃子績優的股票。又因為 ETF 的走勢與股市同步，投資人不用特別鑽研某檔個股，只要判斷指數漲跌趨勢就可以了，不論是想持有短期、中期、長期，都可以視資金情況自由搭配運用；相較於其他的金融商品，是較不費力的投資工具。而管理費用也比一般股票型基金低，相關的稅賦也較低。此外，ETF 可以看多、也可以看空、還可以融資、融券，投資方式靈活、多樣化；當投資人看好趨勢時，能夠融資買進，因此獲利可以提高；看壞趨勢時，也可以趕快先賣出持股，等低價時再買回，不必擔心放空期貨會有到期的問題。

不過，因為 ETF 是緊貼著指數走勢，可能在某段時間內會出現小幅溢價或折價；而且不論某些個股的股價表現如何，它都不能因為某些行業目前表現比較差，投資組合就改變，例如追蹤道瓊指數的 ETF，代號 DIA，如果今天 IBM 大漲、可口可樂大跌，DIA 是無法把可口可樂從投資組合裡刪除，換成另外一家上市企業的。或者像 2018 年 2 月下旬的某一天，美國大型的連鎖店巨擘沃爾瑪百貨（Walmart，股票代號 WMT）在公布財報之後，讓投資人大失所望，股價單日重挫超過 10%，拖累道瓊工業

ETF 的優缺點

ETF 優點	ETF 缺點
花小錢買一籃子股票，投資組合鮮少更動	除非指數標的更換成分股，否則即使某些成分股的績效差，也不能立即撤換
績效貼近指數，投資不費力	有時會出現小幅溢價或折價
可以買進、放空；融資、融券	風險如同股票操作
槓桿型 ETF，獲利時報酬率翻倍	操作槓桿型 ETF，一旦錯估情勢損失也是倍數

指數跌幅超過 1%，並不能因此就馬上把沃爾瑪剔出道瓊的成分股；但是傳統式的基金就可以基於投資績效的好壞而馬上更換投資組合，這一點即時調整投資標的的好處，ETF 就難以做到。

我們一樣把 ETF 的優、缺點做成下方表格，供讀者們參考。

ETF 包羅萬象　應有盡有

Q 目前全球市場上的 ETF 可以分成幾大類？

A 近年來 ETF 的發展真有如雨後春筍般，不只數量大增而且種類繁多，除了成為散戶資產配置的基本款之外，全球大型基金或者是大型退休金的操盤人，也熱衷買進 ETF。截至 2017 年底，已經發行的 ETF 將近 7000 檔，全球 ETF 的規模接近 4 兆美元！這些令人咋舌的數字在在說明，ETF 已經成為全球投資人矚目的焦點！

而 ETF 的檔數很多，種類也很多，如果沒有簡單分類說明的話，可能也會讓投資朋友理不出頭緒。常見的分類方式之一是以投資市場來區分，大致上可以分成股票型、債券型、匯率型、原物料型四大類。股票型 ETF，顧名思義，主要是投資在股票市場；債券 ETF 主要投資於各種債券；至於匯率型 ETF 則主要是跟匯率或相關指數連結；最後，原物料 ETF 則主要是投資在商品原物料市場上。如果再加以細分的話，還可以分成追蹤大盤指數的 ETF、追蹤行業指數的 ETF、追蹤其他國家股市的 ETF、追蹤債券市場的 ETF 以及追蹤黃金價格的 ETF 等類型。甚至還有讓你獲利更快（當然虧損的幅度也是很大的）、屬於高槓操作的 ETF，例如雙倍看多或看空的 ETF、三倍或多倍看多或看空的 ETF 等，族繁不及備載，選擇相當多樣。

我們先把範圍縮小，只把焦點

股票型 ETF 種類

投資區域	全球型	全球各區域或是跨區域
	區域型	北美、拉丁美洲、歐洲、新興歐洲、紐澳、亞洲、中東
	單一國家型	美國、墨西哥、巴西、俄羅斯、中國、印度、泰國、印尼、越南、臺灣等各個國家
產業類別		金融、科技、醫療、消費、能源、公用事業、房地產、電訊、營建、航運

放在數量最多的股票型 ETF 上，讓投資人可以先清楚 ETF 的特色。就股票型 ETF 來說，一般還可以分成投資區域和產業類別兩大區塊。而在「投資區域」這部分，還可再細分成「全球型」、「區域型」、「單一國家型」三大類。

首先，「全球型」是包括全球各區域或是跨區域的 ETF，涵蓋面相最廣；至於「區域型」則是針對各單一洲或是某些經濟體（例如歐元區、東協十國、大中華區等）來作區分，常見的 ETF 包括：北美、拉丁美洲、歐洲、新興歐洲、紐澳、亞洲、中東地區等 ETF。至於「單一國家型」，則是針對某些國家，設計出跟這些國家未來經濟前景有關連性的 ETF，例如美國、加拿大、巴西、俄羅斯、中國、印度、泰國、印尼、越南、臺灣等各個國家。若以「產業類別」區分，還可以分成金融、科技、醫療、消費、能源、水資源、公用事業、房地產、電訊、營建、航運等各種產業 ETF。全球 ETF 商品發展最興盛的地區首推美國，不但種類最多，安全性也較佳；其次是歐洲。計價的幣別，也以美元居多，其次則是以歐元計價。很適合具有國際觀的投資人將 ETF 列為全球資產配置的主軸。

Q 既然 ETF 種類繁多，有沒有哪些可以當成是外幣投資的入門基本款？

A 全球的資本市場當中，當然以美國的金融市場，「吸金」程度最為驚人，全球投資人無不爭先恐後想要到美國市場去「淘金」；因此，外幣投資的版圖，自然不能缺少美國這一塊。而美國股票市場在 2017 年的飆漲情況，是 2008 年金融海嘯以來最為突出的一年！緊接著還有多項利多措施等著發酵的未來幾年，預期國際資金還是會蜂擁到美國，大賺資本利得。因此，如果投資朋友不想錯過這波行情，想搭上賺錢的列車的話，可以注意在美國被列為最為出名的三大指數型 ETF，分別是追蹤 S&P500 指數的「史坦普 500 指數基金」，股票代號是 SPY；還有追蹤道瓊工業指數的「道瓊工業平均指數基金」，股票代號 DIA；以及追蹤那斯達克指數的「那斯達克 100 指數基金」，股票代號 QQQ。只要你認為美國未來仍然前景可期，就不可以錯過這三大 ETF（更詳細的內容請參閱《3 天搞懂美股買賣》）。

「史坦普 500 指數基金」，縮寫是 SPDRs，股票代號是 SPY，是這三支 ETF 中最早問世的；它從 1993 年

開始發行，也是全球第一檔 ETF 。由於 SPDR 的發音和英文的「蜘蛛」（spider）發音相近；而且當初推出該檔 ETF 時，也是搭配一隻吐絲的蜘蛛，讓人印象深刻，從此「蜘蛛」就成 為它的暱稱。SPDRs 是以 S&P500（標準普爾 500）指數為追蹤標的，投資組合和比例完全和 S&P500 指數一樣，每單位的發行淨值被設定為 S&P 500 指數市值的 1/10。換句話說，投資人只要花上 S&P 500 指數市值 1/10 的金額，就等於可以一次買入全美前 500 大企業的股票組合。看好美國股市的投資人自是對其青睞有加；從其發行以來，幾乎一直就是 ETF 界的龍頭股，也是全美資產總額最高、交易量最大的 ETF ！

而 SPDRs 當初在 1993 年上市時每單位股價大約是 43 美元，但是隨著標普 500 指數的翻漲，該 ETF 的價格也是翻好幾番！我們看看從 1993 年「蜘蛛」出世，一直到本書截稿前的 2018 年二月，這近 25 年之間，S&P500 指數從 430

「史坦普 500 指數基金」的基本資料

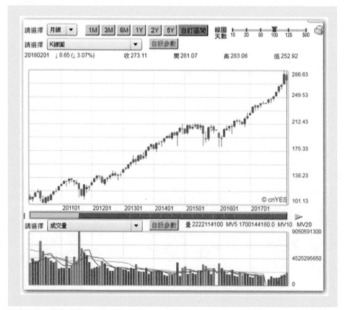

資料來源：鉅亨網

「史坦普 500 指數基金」2011 ～ 2018/2/15 的股價走勢圖

資料來源：鉅亨網

點上漲至 2872 點左右，SPDRs 也從 43 美元上漲到 286 美元，漲幅超過六倍！除了「蜘蛛」之外，類似的、比較著名的 ETF 還有 MDY，是追蹤 S&P 400 指數；另外還有追蹤標準普爾金融行業的 XLF 和標準普爾科技行業的 XLK，也是很多外幣投資人會關注的 ETF。

「史坦普 500 指數基金」2011 ～ 2018/2/15 的股價走勢圖

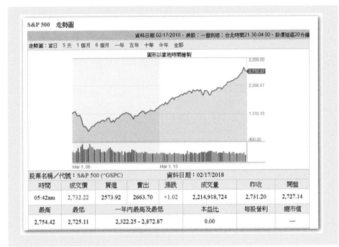

資料來源：雅虎奇摩

2018 年初，因為經濟數據表現良好，各界普遍預期美國聯準會（Fed）會積極的「縮表」── 也就是不僅會升息，而且還會「升升不息」，這也表示，美國的榮景是由 Fed「認證」的，自然股市的表現也是不會含糊。除了前述的標準普爾 500 指數已經一馬當先之外，另外兩個指數 ──「道瓊工業平均指數」、「那斯達克指數」── 的表現，當然也是不容小覷！因此，我們也來介紹跟這兩個指數連結的 ETF ──「道瓊工業平均指數基金」和「那斯達克 100 指數基金」。

「道瓊工業平均指數基金」的股票代號是 DIA，於 1998 年在紐約證交所掛牌上市，因為其股票代號，所以被市場暱稱為「鑽石」（diamond）。它所追蹤的指數就是道瓊工業指數（Dow Jones Industrial Average）。眾所周知，道瓊工業指數的成分股都是美國的藍籌股，也就是所謂的大型股，像是 IBM、微軟、3M、麥當勞、可口可樂、美國運通銀行、迪士尼等等，其中 IBM 占 5% 左右、3M 占 7% 左右、麥當勞占 5% 左右。「道瓊工業平均指數基金」當初每單位的發行淨值設定為道指的 1/100，所以掛牌上市時的股價為 77.81 美元，到了 2018 年 2 月，股價已突破 260 美元，股價成長將近四倍；而道瓊工業指數也創下

「道瓊工業平均指數基金」的基本資料

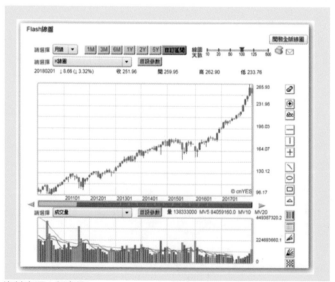

資料來源：鉅亨網

「那斯達克 100 指數基金」2011-2018/2/15 的股價走勢圖

資料來源：鉅亨網

歷史新高，突破 2 萬 6000 點！

「那斯達克 100 指數基金」，股票代號 QQQ，是這三檔大型 ETF 中最晚掛牌的，它於 1999 年在那斯達克掛牌交易，暱稱「邱比」。QQQ 是追蹤科技股雲集的納斯達克指數的 ETF，每單位發行淨值設定為 Nasdaq 100 指數的 1／40。它上市股價為 29.83 美元，當時正值網路股盛行的階段，股價一度飆到 120 美元，隨後遇上網路泡沫，股價崩盤，2001 年 4 月時，股價最低點收在 34.05 美元；度過網路泡沫危機之後，在 2008 年金融海嘯時期，

更低點收在 25.56 美元，隨後股價起起伏伏，直到 2018 年 2 月，股價已經突破 170 美元，較剛上市時，翻漲逾五倍。

由於這三檔 ETF 是追蹤美股的三大指數，買進這三檔 ETF，等於是投入少部分的資金就可以擁有美國的藍籌股、大型股和強勢股令人充滿期待的未來！尤其是這三檔 ETF 的股價並不算昂貴，因此深受國際投資人的喜愛；特別是在美國景氣翻揚的此際，這三檔 ETF 的交易量幾乎一直是排行榜的前三名！而其股價長線上漲的動能，更是讓投資人前仆後繼地爭相把資金投入此三檔 ETF。想要聰明的布局外幣資產，這三檔 ETF 實不容輕易錯過！

如果想要知道更多 ETF 的行情或者基本資訊，鉅亨網的網站上，也有不少資料值得投資朋友們前往淘寶的。

「道瓊工業平均指數基金」的基本資料

資料來源：雅虎奇摩

「道瓊工業平均指數基金」的基本資料

資料來源：雅虎奇摩

投資陸股 ETF，參與中國多頭行情

Q 除了美國地區的 ETF 之外，外幣投資人還有哪些地區的 ETF 是不容錯過的？

A 有「世界的央行」之稱的國際貨幣基金會（IMF），在 2016 年 10 月將人民幣正式納入「特別提款權」（SDR）之後，等同昭告世人：人民幣已是具有法定地位的全球性貨幣，地位等同黃金、美元、歐元和日圓，這一宣示大幅提升了人民幣在國際間的地位；而且 SDR 自此也將變成有五種貨幣 —— 另外四種分別是歐元、日圓、英鎊和美元。將人民幣納入 SDR，反映出中國大陸不僅已成為全球僅次於美國的第二大經濟體的地位，再也非昔日吳下阿蒙！加上近年來中國大陸各項經濟指標的亮眼表現，也讓全球的資金紛紛向其靠攏。更何況人民幣在納入 SDR 之後，世界各國的外匯存底將多了一項選擇，全球各國央行對於人民幣的需求無疑也將逐步增加。在眾所矚目之下，你的全球資產配置，怎麼可以缺了中國大陸這塊拼圖？

ETF 股票代號	ETF 名稱	標的指數
0061	寶滬深	滬深 300 指數
006205	FB 上證	上證 180 指數
006206	元上證	上證 50 指數
006207	FH 滬深	滬深 300 指數
00633L	富邦上證 2X	上證 180 兩倍槓桿指數
00634R	富邦上證反	上證 180 反向指數
008201	BP 上證 50	上證 50 指數
00636	國泰中國 A50	富時中國 A50 指數
00637L	元大滬深 2X	滬深 300 日報酬正向兩倍指數
00638R	元大滬深反	滬深 300 日報酬反向一倍指數
00639	富邦深 100	深證 100 指數
00643	群益深証中小	深証中小板指數
00655L	國泰中國 A50 正 2	富時中國 A50 指數
00656R	國泰中國 A50 反 1	富時中國 A50 指數
00703	台新 MSCI 中國	MSCI 中國指數
00704L	台新 MSCI 臺灣正 2	MSCI 中國指數
00705R	台新 MSCI 臺灣反 1	MSCI 中國指數

資料來源：臺灣證券交易所

而未來投資陸股的方向，可留意「新經濟」題材，這些題材包括了：醫療、醫藥、環保、基礎建設、網通、軟體服務或國企改革企業，以及電子商務、物流等新興市場明星概念股。而如果投資朋友在短期內還沒有太多時間投入研究陸股各產業及個股的基本面時，一樣可以透過投資陸股相關的 ETF 來參與中國大陸未來的上漲行情。而想要參與這列即將起飛的列車，也不用大老遠地跑到國外去找尋標地物，目前在國內臺灣證券交易所掛牌、直接可以透過你原有的證券帳戶就可以交易買賣的、與中國股市漲跌有關的 ETF，一共有十幾檔之多（截至 2018/3/1），整理如左頁表格所示。

Q 同樣是上證指數，有 180 指數，也有 50 指數，這當中有什麼差別嗎？

A 由於 ETF 價格的漲跌表現跟它所連動的指數有關，因此，連結到什麼指數，就跟它未來的報酬率高低有絕對的關係。例如，如果你看好上海交易所的表現，你就可以買進連動上證指數的「FB 上證」、「元上證」、「上證 50」、「上證 2X」等 ETF；這幾檔的差別在於連動的「成分股指數」不同，有的成分股是 180 檔，有

的只有 50 檔。另外，如果你極度看好上證指數的表現，你還可以大力買進「上證 2X」，因為它連動的是上證 180 二倍槓桿指數的表現。相反地，如果你認為這一陣子上證股市會回檔，你就可以選擇「上證反」、或「滬深反」來幫自己的部位掛保險，或者賺取下跌時的波段財。這種純粹只是對於股市大盤的方向（是漲還是跌）有看法，而不是針對個股有明確的多空、或目標價是多少而胸有成竹的投資人來說，是一種很方便參與大陸股市上漲（下跌）行情的投資方式。只不過投資陸股 ETF 仍然有幾個「撇步」要注意，整理如下，供投資朋友參考（更詳細的內容請參閱《3 天搞懂中國投資》）。

撇步 1 買進「槓桿」與「反向」的 ETF，就有融資、融券的效果

在表格中連結陸股的 ETF 裡，有所謂「二倍槓桿指數」、「反向指數」，就是指針對上證 180 指數，推出二倍槓桿效果的「上證 2X」ETF，或是跟上證 180 指數走勢相反的「上證反」反向 ETF。所謂的槓桿 ETF，就是把所連動的標的指數波動幅度放大 N 倍；這就跟臺灣投資人使用融資買進個股一樣，可以獲得 2.5 倍「放

大」效果；當然，萬一你看錯方向，也是以同等倍數虧損。現在以買進「上證2X」為例，假設上證180指數當日上漲1%，那麼你買進「上證2X」，「理論上」應該會上漲2%，那麼你就可以有加倍的獲利。可如果當日上證180指數下跌1%，那麼「上證2X」的價格就會下跌2%。這裡說的「理論上」，是因為ETF會隨著其所追蹤的指數不同而有不同的追蹤誤差，因此，不見得會有剛好N倍的漲跌幅。

而反向ETF，顧名思義，就是直接跟所連動的標的指數漲幅相反。例如買進「上證反」，就是你預期上證指數最近走勢疲軟，將有回檔的走勢；因此當上證180指數果真下跌1%時，你所買進的「上證反」的價格反倒會上漲1%（這個百分比，跟前述一樣，也只是「理論上」）。這就好比你看壞個股，你會想融券放空的道理是一樣的；可是你放空個股，有時會遇到無券可空或停資停券的情形，但你買進反向型ETF卻不用擔心有這種情形發生，當然也沒有融券需要強制回補的困擾。

由於陸股最近的波動程度日益擴大，如果可以採取操作這種槓桿或反向型的ETF，那就是多空皆宜，投資人可以把資金效益極大化。更何況這一類型的ETF，雖然兼具有融資、融券可以較小本金取得槓桿的效果，卻又不必支付融資的利息費用、或借券費，也不會有融資斷頭、融券回補的壓力，可以說是積極投資人的首選。但要提醒投資人注意的是，因為近期陸股波動加劇，投資前得要善設停利及停損點，免得紙上富貴一場，或是有超額損失的憾事發生。

撇步 2 追蹤指數的成分股不同，ETF的走勢就會不同

從我們所整理的第227頁表格當中，讀者會發現各檔ETF所追蹤的指數不大一樣。這當中有何差別呢？

首先，可以從指數內所追蹤的產業來考量。目前在臺灣掛牌的陸股ETF所追蹤的指數包括：上證180、上證50、滬深300、富時中國A50、深證中小板指數，以及MSCI中國指數等數種。其中上證50及富時中國A50所包含的大型藍籌股較多；但是滬深300以及深證中小板指數所涵括的則較偏向於中型股。因為目前上海證交所上市的公司有1200多檔、深圳證交所則有2100多家上市，如果只挑選其中的前50名，自然會是較偏向於大型藍籌股。但是滬深300則

中證指數有限公司關於指數系列的資訊

圖片來源：中證指數有限公司

是挑選在上海跟深圳掛牌上市的市值前 300 名；相對的，中型類股占比就會比較多。如果投資朋友看好中國的人口紅利或者著重於中國的內需市場的話，可以滬深 300 指數為主，因為在深圳證交所掛牌的公司較偏重於內需市場。所以，投資朋友可以進一步根據你自己的偏好，還有當時的市場走勢，選擇相對應的 ETF 來布局，搭上獲利的列車。

跟「臺灣 50」指數成分股會定期（目前是每季）更新一樣，追蹤大陸的每個指數的成分股也會定期更動，比方說滬深 300 指數是每半年會更動一次，各個證交所也會提前公告

週知，是否有成分股遭到下市、併購或更換的情形。這些都可以直接在上海、深圳、香港等三個證交所網站上查詢得到，投資朋友可以隨時上網更新相關資訊。

撇步 3 陸港股 ETF 的交易單位與臺股不同

知道了各個 ETF 所連結的標的指數不同之外，投資人還得明白這些跨境掛牌的 ETF，其交易單位是有別於臺灣的。大家習以為常的臺灣股市，每交易一個單位（一張）就是 1000 股，可是，上述的 ETF，其交易單位就不一定都是 1000 股。像「上證 50」也跟香港證交所規定一樣，1

張為「100」股。這些跟臺股交易習性不同的地方，投資朋友在投資之前可要特別的注意，做好資金的控管才好。

撇步 ❹ 陸股 ETF 沒有漲跌幅限制，而且沒有配息

從 2015 年 6 月起，臺股的漲跌幅由 7% 放寬至 10%，因此，相對應的臺股 ETF，譬如臺灣 50 指數股票型基金（臺股代號：0050）就有漲跌幅最大 10% 的限制。但由於近期陸股波動起伏比臺股來得大，再加上投資陸股的 ETF，不像臺股有漲跌幅最大 10% 的限制；因此，投資人在下單時要注意風險控管，最好是掛限價單來買進或賣出，而不要用市價掛單，這樣可以避免買賣在非常不合理的價位而產生虧損。

另外，還要提醒投資朋友的是，投資臺股的 ETF，除了可以賺取價差之外，向來都有配息的機制，而且在市況好的時候，往往還會填息；可是，目前在臺灣掛牌交易、關於陸股的 ETF，都沒有配息的機制。那麼當所追蹤連結的標的成分股有配股配息時，ETF 會直接反應到淨值之中，並沒有配息這部分可以期待；換句話說，投資人買進陸股的 ETF 只能靠

賺取價差來獲利而已（但是在美國掛牌的 ETF 有些是有配息的）。

投資陸股 ETF 是散戶投資人參與陸股行情的一項最為簡便的投資方式，但是要提醒投資朋友，買賣上述的陸股 ETF，最好採取「分批進場、分批出場」的操作策略；這是因為陸股的 ETF 走勢與上證 50、上證 180 等各指數的連動關係至為密切，所以在大陸股市波動加劇時，由於我們是跨境的投資人，應該要密切注意相關指數的走勢，避免造成自己的財富縮水。

Ⓠ 琳瑯滿目的 ETF，有沒有哪些網路資源可以參考使用的？

Ⓐ 近年來，由於各大金融機構都在推廣 ETF，所以投資人對於這項商品也多半不再陌生；然而畢竟 ETF 包羅萬象、品項繁多，如果沒有適當的輔助資源的話，可能會錯失不少賺錢的機會。還好現在幾乎人手一支手機，透過行動裝置，到處可以上網，隨手都可以滑出「利」基來！包括 Yahoo 奇摩、鉅亨網等各大入口網站，或是專業的財經網站，都可以找到 ETF 的相關資料、伺機而動。以鉅亨網為例，首先進入鉅亨網的官網之後，把網頁往下拉，看到如右頁的畫面，點

選「ETFs」，就有 ETF 的資料。假設投資人還沒有心儀的標的物，那麼還可以透過三個分類選擇，來搜尋資料，可以降低投資人大海撈針的無助感。

而關於 ETF 分類的選擇，也可以參考目前較廣為全球投資人所接受的下表分類方式。有了這些基本概念，要在網路上搜尋目前績效較好的 ETF 就比較有方向，不至於迷失在眾多的 ETF 中了。

中證指數有限公司關於指數系列的資訊

時間	代碼	ETF名稱	成交	漲跌	漲%	原幣外幣	相對外幣價格	折溢價率	追蹤指數	交易所
14:57	0050	元大台灣50	84.95	5.25	6.59	0.267	22.65 HKD	39.31	台灣50指數	台灣
16:00	3002	台灣50	16.26	0.00	0.00	3.750	60.98 TWD	-28.22	台灣50指數	香港
05:00	GLD	SPDR黃金	127.96	-0.42	-0.33	0.267	1,001.16 HKD	-0.18	0.1盎司黃金	紐約
16:00	2840	SPDR金	1,003.00	15.00	1.52	0.128	128.20 USD	0.18	0.1盎司黃金	香港

資料來源：鉅亨網

股票型 ETF 種類

地域	全球類、歐洲地區類、中國地區類、太平洋地區類 國際類、新興市場類、日本類、拉丁美洲類
產業	金融服務類、天然資源類、S&P500 指數標的類、特用雜項類、公共事業類、醫療保健 & 生物科技類、不動產類、科技類、電信類
市值	大型股類、中型股類、小型股類、多重型股類
資產	股票類、固定收益類
投資風格	核心類、價值類、成長類
發行商別	巴克萊 Barclays、道富 State Street Global、先鋒 Vanguard Group、美林 Merrill Lynch、紐約銀行 Bank of NY、Powershares Capital、Rydex Investment、富達 Fidelity、德銀 DB Commodity、First Trust、Victoria Bay

心動也要
行動！

今天是 ＿＿＿ 年 ＿＿ 月 ＿＿ 日

我想投資的項目是 ＿＿＿＿＿＿＿＿＿ ，代號是 ＿＿＿＿＿

想買的原因是：

今天是 ＿＿＿ 年 ＿＿ 月 ＿＿ 日

我想投資的項目是 ＿＿＿＿＿＿＿＿＿ ，代號是 ＿＿＿＿＿

想買的原因是：

今天是 ＿＿＿ 年 ＿＿ 月 ＿＿ 日

我想投資的項目是 ＿＿＿＿＿＿＿＿＿ ，代號是 ＿＿＿＿＿

想買的原因是：

今天是 ＿＿＿ 年 ＿＿ 月 ＿＿ 日

我想投資的項目是 ＿＿＿＿＿＿＿＿＿ ，代號是 ＿＿＿＿＿

想買的原因是：

圖解筆記13

3天搞懂外幣投資（最新增訂版）

跟著外幣致富，打敗定存，資產不縮水！

作　　　者：梁亦鴻
文字整理：陳珈螢
副總編輯：林佳慧
校　　　對：梁亦鴻、林佳慧
視覺設計：廖健豪
寶鼎行銷顧問：劉邦寧

發 行 人：洪祺祥
副總經理：洪偉傑
法律顧問：建大法律事務所
財務顧問：高威會計師事務所
出　　　版：日月文化出版股份有限公司
製　　　作：寶鼎出版
地　　　址：臺北市信義路三段151號8樓
電　　　話：（02）2708-5509
傳　　　真：（02）2708-6157
客服信箱：service@heliopolis.com.tw
網　　　址：www.heliopolis.com.tw
郵撥帳號：19716071日月文化出版股份有限公司

總 經 銷：聯合發行股份有限公司
電　　　話：（02）2917-8022
傳　　　真：（02）2915-7212
印　　　刷：禾耕彩色印刷事業股份有限公司
初　　　版：2014年8月
二版 6 刷：2021年5月
定　　　價：300元
Ｉ Ｓ Ｂ Ｎ：978-986-248-716-7

國家圖書館出版品預行編目資料

3天搞懂外幣投資：跟著外幣致富，打敗定存，
資產不縮水！（最新增訂版）/ 梁亦鴻著
— 二版 — 臺北市：日月文化，2018.04
240面；17×23公分 —（圖解筆記；13）
ISBN　978-986-248-716-7(平裝)
1.外匯投資 2.投資技術 3.投資分析

563.5　　　　　　　　　　　　　107003189

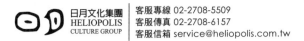

客服專線 02-2708-5509
客服傳真 02-2708-6157
客服信箱 service@heliopolis.com.tw

廣 告 回 函
台灣北區郵政管理局登記證
北台字第 000370 號
免 貼 郵 票

日月文化集團 讀者服務部 收

10658 台北市信義路三段151號8樓

對折黏貼後，即可直接郵寄

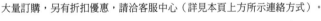

日月文化網址：**www.heliopolis.com.tw**

最新消息、活動，請參考 FB 粉絲團

大量訂購，另有折扣優惠，請洽客服中心（詳見本頁上方所示連絡方式）。

大好書屋

寶鼎出版

山岳文化

EZ TALK

EZ Japan

EZ Korea

大好書屋・寶鼎出版・山岳文化・洪圖出版　EZ 叢書館　EZ Korea　EZ TALK　EZ Japan

3天搞懂外幣投資（最新增訂版）

感謝您購買 跟著外幣致富，打敗定存，資產不縮水！

為提供完整服務與快速資訊，請詳細填寫以下資料，傳真至02-2708-6157或免貼郵票寄回，我們將不定期提供您最新資訊及最新優惠。

1. 姓名：＿＿＿＿＿＿＿＿＿＿＿　性別：□男　　□女

2. 生日：＿＿＿＿年＿＿＿＿月＿＿＿＿日　職業：＿＿＿＿

3. 電話：（請務必填寫一種聯絡方式）

　（日）＿＿＿＿＿＿＿＿　（夜）＿＿＿＿＿＿＿＿＿（手機）＿＿＿＿＿＿＿

4. 地址：□□□＿＿＿＿＿＿＿＿＿＿＿＿＿＿＿＿＿＿＿

5. 電子信箱：＿＿＿＿＿＿＿＿＿＿＿＿＿＿＿＿＿＿＿

6. 您從何處購買此書？□＿＿＿＿＿＿＿＿縣/市＿＿＿＿＿＿＿書店/量販超商

　□＿＿＿＿＿＿＿＿網路書店　□書展　□郵購　□其他

7. 您何時購買此書？　　年　　月　　日

8. 您購買此書的原因：（可複選）

　□對書的主題有興趣　□作者　□出版社　□工作所需　　□生活所需

　□資訊豐富　　□價格合理（若不合理，您覺得合理價格應為＿＿＿＿＿）

　□封面/版面編排　□其他＿＿＿＿＿＿＿＿＿＿＿＿＿＿

9. 您從何處得知這本書的消息：□書店　□網路／電子報　□量販超商　□報紙

　□雜誌　□廣播　□電視　□他人推薦　□其他

10. 您對本書的評價：（1.非常滿意 2.滿意 3.普通 4.不滿意 5.非常不滿意）

　書名＿＿＿＿　內容＿＿＿＿　封面設計＿＿＿＿　版面編排＿＿＿＿　文/譯筆＿＿＿＿

11. 您通常以何種方式購書？□書店　□網路　□傳真訂購　□郵政劃撥　□其他

12. 您最喜歡在何處買書？

　□＿＿＿＿＿＿＿＿縣/市＿＿＿＿＿＿＿＿書店/量販超商　　□網路書店

13. 您希望我們未來出版何種主題的書？＿＿＿＿＿＿＿＿＿＿＿＿＿＿

14. 您認為本書還須改進的地方？提供我們的建議？

＿＿＿＿＿＿＿＿＿＿＿＿＿＿＿＿＿＿＿＿＿＿＿＿＿

＿＿＿＿＿＿＿＿＿＿＿＿＿＿＿＿＿＿＿＿＿＿＿＿＿

＿＿＿＿＿＿＿＿＿＿＿＿＿＿＿＿＿＿＿＿＿＿＿＿＿

＿＿＿＿＿＿＿＿＿＿＿＿＿＿＿＿＿＿＿＿＿＿＿＿＿